# DIE YOTTA BIBEL

Dieses Buch widme ich dem Menschen, der mich so geliebt hat, wie ich bin.

Seine Liebe zu mir war so groß, dass sich sogar sein eigener Sohn aus Eifersucht abgewandt hat.

Meine Bewunderung für diesen Mann ist unendlich – er war ein so guter Mensch, voller Weisheit, Fürsorge und Liebe. Es vergeht kein Tag, an dem ich nicht an ihn denke und ihn vermisse.

Dieses Buch widme ich meinem besten Freund, meinem Seelenverwandten, meinem Ein und Alles, meinem geliebten Opa.

Du warst ein Lehrer und hast Tausende von Kindern durch die Schule geführt. Möge ich in deine Fußstapfen treten und mit diesem Buch Tausende von Menschen durch die Schule des Lebens führen.

Opa, mein Engel, schau, dieses Buch ist für dich. Ich liebe dich!

# DIE YOTTA BIBEL
## VORWORT

Ja, ist der Yotta von allen guten Geistern verlassen, dass er sein Buch ernsthaft *Bibel* nennt? Denkt er jetzt, er wäre Gott? Nun, erstens hat Gott die Bibel nicht geschrieben, sondern die Menschen. Zweitens sind wir alle Gott, denn wir wurden nach Gottes Abbild erschaffen, inklusive der Fähigkeit, zu kreieren und selbst zu erschaffen, und ich habe hier mein Lebenswerk erschaffen.

Lebenswerk bedeutet, dass ich jede Erfahrung und jedes Wissen, das ich in meinem bisherigen Leben sammeln konnte, ausgewertet habe und euch nun zugänglich mache. Die guten Dinge könnt ihr wiederholen und die schlechten vermeiden. Und wenn ich in aller Bescheidenheit meinen Lebensweg betrachte, dann habe ich verdammt viel zu sagen, schließlich bin ich von ganz unten nach ganz oben gekommen.

Also, warum nun *Bibel*?

Dafür gibt es vier Gründe:

1. Die Bibel ist das meist gelesene Buch der Welt und somit im Hinblick auf Erfolg und Reichweite mehr als verdient ein Vorbild.

2. In der Bibel ist das zentrale Thema »der Glaube« – so auch in meinem Buch.

3. Die Bibel handelt von einem, der die Welt retten wollte und ziemlich oft falsch verstanden wurde. Damit kann ich mich ebenfalls identifizieren.

4. Ich finde den Titel Yotta-Bibel einfach geil und liebe ihn, und dieses Gefühl ist der Hauptgrund, denn wir alle sollten tun, was wir lieben!

In diesem Sinne, niemand braucht vor mir auf die Knie zu gehen. Und wer mich kennt, weiß, dass ich lieber aufrecht sterbe, als kniend zu leben. Wenn ihr dieses Buch lest, werden ihr sehen, dass ich immer und immer wieder aufgestanden bin, und das wünsche ich euch auch: Steht auf! Lebt!

Liebt und genießt das Leben!

Macht das Beste daraus!

I AM
NOT HERE TO
PLAY GAMES.
I AM
HERE TO
DOMINATE.

YOTTA

Life

KAPITEL 1

# WER ICH BIN, UND WARUM ICH WAS ZU SAGEN HABE

Ich war ganz unten. Ich war im Dreck.
Ich war auf der Straße.
Fett. Unglücklich. Pleite.
Ich habe mir Gedanken gemacht,
wie ich mich am besten umbringen
könnte, mit möglichst wenig Schmerz,
aber so, dass es garantiert funktioniert.
Ich wollte verdammt noch mal sterben.
Ich konnte nicht mehr.
Ich war am Ende, emotional, psychisch
und physisch.

Jetzt lebe ich mein Traumleben.
Mein Leben ist ein Wunschkonzert.
Ich bin berühmt, reich, gesund und
sauglücklich. Ich kann mir jeden
Wunsch erfüllen und genieße
mein Leben in Kalifornien.

- WAS IST PASSIERT?
- WAS HAT DEN UNTERSCHIED GEMACHT ZWISCHEN VERSAGER UND GEWINNER?
- WAS HAT MICH VON UNGLÜCKLICH UND VERZWEIFELT ZU GLÜCKLICH UND ZUVERSICHTLICH GEBRACHT?
- WIE KAM ICH VON STERBEN-WOLLEN ZU DAS-LEBEN-GENIESSEN?
- WIE HABE ICH ALLE MEINE TRÄUME WAHR WERDEN LASSEN?
- WAS MUSST DU MACHEN, DAMIT AUCH DU DAS ALLES ERREICHEN KANNST?

Die Antworten stehen in diesem Buch.
Ich beschreibe meinen Weg zur Spitze, vom Obdachlosen zum Superstar mit eigener TV-Show, von Fettleibigkeit und Selbsthass zu Gesundheit und Liebe, von der Schattenseite des Lebens zur Sonnenseite in Los Angeles.
Mein Name ist Bastian Yotta, und ich habe dir etwas zu sagen! Bevor wir beginnen, ein paar Regeln, wie du dieses Buch lesen musst.

Es gibt drei Gruppen von Menschen:

## 1) VERSAGER

Versager sind keine Menschen, die etwas falsch machen, sondern Menschen, die gar nichts machen, die es nicht einmal versuchen. Stelle dir ein Fußballspiel vor. Der eine Stürmer rennt und rennt und schießt und schießt, aber es fällt kein Tor. Er ist kein Versager, denn es ist nur eine Frage der Zeit, bis er Erfolg haben wird, und jeder Versuch macht ihn besser und bringt ihn näher ans Ziel.

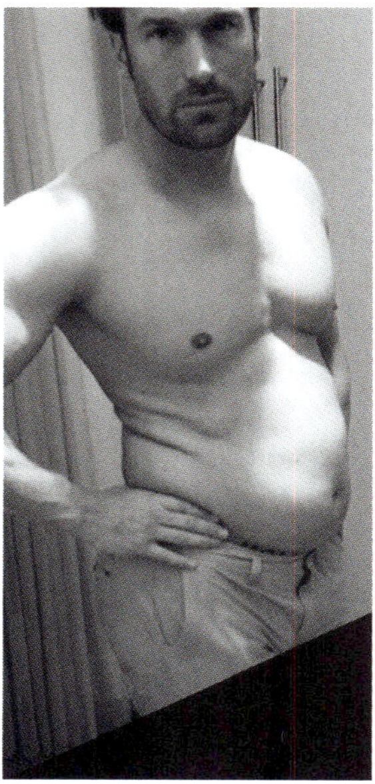

Der andere sitzt auf dem Spielfeld und sagt: Fußball ist doof, macht eh keinen Sinn, ich hab noch nie gewonnen, außerdem tut mir mein Knie weh. Das ist der Versager!

Über diesen Versager lachen wir, aber leider ähnelt ihm der Großteil der Menschen! Viele machen nichts – aus Angst, etwas falsch zu machen oder keinen Erfolg zu haben. Täglich finden sie neue Ausreden und Entschuldigungen. So sehen Versager aus!

## 2) GEWINNER

Er tut es. Er versucht es immer und immer wieder. Er wird besser und besser. Er ist größer als seine Probleme und findet keine Ausreden, sondern Lösungen. Er gibt alles. Irgendwann wird er den Erfolg liefern – je mehr er aus seinen Fehlern lernt, desto schneller. Der Gewinner versagt nicht, er findet nur Wege, die nicht funktionieren, und versucht dann einen anderen Weg, bis er sein Ziel erreicht hat.

## 3) MENSCHEN, DIE NICHT WISSEN, WIE GEWINNEN GEHT

Ich würde ja gern, aber wie? Das Baby hat von sich aus vielleicht keine Motivation, um zu gehen, also muss ihm irgendjemand zeigen, wie das Gehen geht. Und du hast mich auserwählt, es dir zu zeigen, und ich werde dich nicht enttäuschen.

Wenn du dieses Buch gelesen hast, weißt du alles, was du brauchst, um deine Ziele zu erreichen.
Somit gehörst du nun entweder zu Gruppe 1 oder zu Gruppe 2. Dein Handeln wird es entscheiden!
Ich gebe dir das Werkzeug und erkläre dir, wie das Gewinnen funktioniert. Was du daraus machst, ist deine Entscheidung.
Als ich mit den Verlagen über mein Buch gesprochen habe, wurde mir nahegelegt, ich solle mindestens 140 Seiten abliefern.
Ich meinte, ich schreibe das Buch nicht auf Masse, sondern auf Klasse.

Die Verlage meinten, ich solle einfach ein bisschen Blabla hinzufügen und die Themen künstlich ausschmücken.

Meine Antwort war: Ciao, Servus, auf Nimmerwiedersehen.

Es hat eine Weile gedauert, bis ich den richtigen Verlag gefunden habe.

Ich schreibe dieses Buch, wie ich will, und lasse mir von niemanden reinreden.

Ich respektiere deine Zeit. Du hast viel um die Ohren. Beruf, Familie und Hobby. Ich will dir mein Wissen so prägnant wie möglich zukommen lassen.

Also:

**REGEL NUMMER 1:**

Jeder Satz hat eine Wirkung und eine Bedeutung. Fokus! Mal so drüberlesen wird mit diesem Buch nicht klappen. Es kann der eine Satz sein, der dein Leben verändert – verpasse ihn nicht!

**REGEL NUMMER 2:**

Schreibe dir die Aha-Momente raus, mach eine Notiz in deinem Handy. Das kann ein Satz sein oder nur ein Wort, aber du musst das Buch zum Leben erwecken, indem du es in dein Leben holst!

**REGEL NUMMER 3:**

Glaube mir kein Wort. Warum solltest du? Du weißt nicht, ob es richtig oder falsch ist, was ich sage. Das Einzige, was ich sage, ist: Es hat funktioniert bei mir und mittlerweile bei Hunderttausenden von Studenten, die ich persönlich oder online gecoacht habe. Wird es bei dir auch funktionieren? Nun, es gibt nur einen Weg, das rauszufinden: Tu es! Versuche es. *Give it a try*! Und darum geht es auch im Leben. *Trial and Error.* Probieren geht über Studieren, oder noch besser: Studieren und dann probieren!

**REGEL NUMMER 4:**

Ich schreibe, wie ich rede. Mit sehr viel Energie. Wenn du dir einen runterholen willst auf Grammatik und komplizierte Formulierungen, dann bist du hier falsch. Fühle, was ich zu sagen habe. Während ich hier sitze, fokussiere ich meine gesamte Energie auf meine Worte, die dich genau in diesem Moment erreichen. Ich bin bei dir, und das ist, was zählt. Fühle dieses Buch. Fühle meine Energie. Fühle mich. Wir gehen diesen Weg zusammen!

**REGEL NUMMER 5:**

Scheiß auf meine Regeln. Ich bin nicht dein Vater oder dein Lehrer, der dir was zu sagen hat. Nennen wir die Regeln von nun an *Tipps*. Wenn du eine Reise antrittst, dann solltest du auf jemanden hören, der den Weg schon einmal gegangen ist. Lass mich dein Navi sein! Du musst nicht auf mich hören, aber wenn du dein Ziel erreichen willst, dann solltest du es besser tun.

**TIPP NUMMER 6:**

Hör auf, dieses Buch zu lesen. Ja, du hast richtig gehört: Hör auf, dieses Buch zu lesen, und zwar genau jetzt, in diesem Moment. Warum? Weil ich erst wissen will, warum du es liest. Jede Aktion im Leben sollte ein Ziel haben. Also lege fest, was das Ziel sein soll, warum du dieses Buch liest.

Schreib es hier auf:
Ich lese dieses Buch, weil

KREBS HABE
___

Wenn ich dieses Buch zu Ende gelesen habe, dann

HABE ICH DEN KREBS BESIEGT
___

mit dem Wissen, aus diesem Buch werde ich

GESUND
___

**TIPP NUMMER 7:**

Jeder Pilot geht vor dem Flug eine Checkliste durch. Jedes einzelne Mal. Er kennt die Liste in- und auswendig, aber er hält sich an das Protokoll. Das will ich auch von dir. Lies dir alle sieben Tipps jedes Mal durch, wenn du anfängst, das Buch zu lesen. Das ist deine Checkliste, und ich will, dass du sie durchgehst, egal, ob du fünf Minuten lesen wirst oder fünf Stunden.

**HIER ALLE SIEBEN TIPPS IN KURZFORM:**

1. Fokussiere dich auf jeden einzelnen Satz, er kann dein Leben verändern.

2. Schreibe dir Aha-Momente auf, um dich später daran zu erinnern.

3. Lasse meinen Worten deine Taten folgen. Probiere es aus.

4. Lass dich auf mich ein und lese nicht nur mein Buch, fühle es!

5. Regeln sind Tipps von mir, weil ich will, dass du Erfolg hast.

6. Warum liest du heute? Was ist das Ziel?

7. Checke diese Tipps jedes Mal, bevor du anfängst zu lesen.

Großartig. Und nun ein wenig zu meiner Person, damit wir uns besser kennenlernen und du vieles hier in diesem Buch besser verstehst. Es geht mir nicht darum, eine Biografie zu schreiben. Es geht mir darum, verständlich zu machen, warum ich bestimmte Sachen gemacht habe und mache. Ich will, dass du mich verstehst, denn für die folgende Reise werde ich dein treuer Begleiter und bester Freund sein. Ich will, dass du mir vertraust. Deswegen erzähle ich dir von mir.

Ich bin Bastian Yotta. Ich bin ein Superhero, der die Welt verändern möchte ...

Okay, vielleicht fangen wir von vorn an.

Ich wurde 1976 in Landshut in Niederbayern geboren und habe eine grausame Kindheit durchgemacht. Ich war sicherlich kein einfaches Kind, da ich immer voller Energie war, schon als kleiner Wicht, und bis heute habe ich Probleme, Regeln zu akzeptieren, die ich nicht verstehe.

Wenn ich etwas verstehe, dann bin ich voll mit dabei. Wenn ich etwas nicht verstehe oder mir jemand die Sache nicht erklärt, dann schalte ich auf stur.

Das führte dazu, dass ich als Kind bis fast zu meinem 16. Lebensjahr regelmäßig schwere Auseinandersetzungen mit meinem Vater hatte. In *Adam sucht Eva* habe ich darüber das erste Mal Öffentlich gesprochen. Noch heute habe ich Narben auf meinem Körper und meiner Seele. Diese Erlebnisse haben den Wunsch in mir entwickelt, eines Tages frei und unabhängig zu sein, damit mir niemand mehr wehtun oder und mich zu etwas zwingen kann.

Ach ja, geboren wurde ich als Bastian Gillmeier, wie es zu Yotta kam, erzähle ich später.

In der Schule war ich mäßig, weil ich nie verstanden habe, warum ich den ganzen Schrott dort lernen sollte. Trotzdem habe ich mein Abitur mit der Note gut abgeschlossen. Ich besitze das große Latinum und das Graecum, denn die Philosophen der Antike haben mich immer fasziniert.

Als ich mit der Schule fertig war, begann ich Betriebswirtschaft zu studieren und nebenbei im väterlichen Betrieb zu arbeiten. Versicherungsvertreter! Also mal ganz ehrlich: Kinder wollen Pilot, Geheimagent oder so etwas werden, und Versicherungsvertreter war mit Abstand der übelste Job, den ich mir vorstellen konnte. Aber ich wollte unbedingt meinem Vater gefallen und mir seinen Respekt und seine Liebe quasi erarbeiten.

Was ich zu diesem Zeitpunkt nicht erkennen konnte, war, dass mein Vater – so wie ich das sehe – sich selbst nicht liebt und nicht respektiert und der Mann somit ein Fass ohne Boden ist. So viel Liebe man auch hineingibt, sie geht sofort wieder verloren. Es war ein Kampf, den ich nie gewinnen konnte.

Aber zu dieser Zeit begriff ich das noch nicht, und so beendete ich das Studium und eine Berufsausbildung in nur drei Jahren mit sehr guten Noten.

Ich arbeitete achtzehn Stunden am Tag und verdoppelte den Umsatz des väterlichen Betriebes in nur zwei Jahren, was meinem Vater die Möglichkeit gab, in Rente zu gehen und nach Italien zu ziehen. Fortan leitete ich das gesamte Unternehmen und führte es auf Platz 2 im bundesweiten Ranking.

Ich dachte, nun habe ich es geschafft, mein Vater wird stolz auf mich sein und mich endlich respektieren und lieben. Doch Fehlanzeige! Es schien als hätte er immer etwas an mir auszusetzen. Und wenn wirklich einmal alles perfekt war, dann kam sinngemäß der Killersatz: Na, ist ja alles ganz nett, aber schauen wir mal, wenn du so alt bist wie ich. Bammmmm! Wirklich ein fürchterlicher Satz. Ein Sohn kann niemals so alt sein wie der Vater, er wird ihn niemals einholen, der Vater ist immer älter, die Leistung im selben Lebensjahr lässt sich niemals vergleichen.

Mein Streben nach Liebe und Anerkennung war so groß, dass ich sogar früh heiratete, damit er ein junger Opa sein konnte. Und ich liebe meine Kinder über alles, aber für uns als Ehepartner kamen sie einfach zu früh – wir waren noch nicht reif. Ich schreibe und spreche nicht viel über meine Kinder, weil ich sie vor der Öffentlichkeit schützen möchte, nur so viel: Ich liebe sie, egal, ob wir Kontakt haben oder nicht. Ich denke jeden Tag an meine beiden Töchter und freue mich, dass sie glücklich sind!

Und dann kam der Tag, der einmal kommen musste. Für mich war damals ganz klar, dass sich mein Vater auch in der Öffentlichkeit in dem von mir erwirtschafteten Glanz sonnte sodass es so aussah, als seien das neue Büro und der Erfolg des Unternehmens einzig und allein ihm zuzuschreiben – da platzte mir der Kragen.

Konnte dieser Mann nicht ein einziges Mal in seinem Leben mir den Respekt und die Anerkennung und auch die Liebe geben, für die ich so hart arbeitete?

Ich finde, Kinder sollten sich niemals für die Liebe der Eltern abstrampeln müssen. Sie haben das Geburtsrecht, so geliebt zu werden, wie sie sind und sein

wollen. Das nennt man Familie, sonst wäre es doch eher ein Business, ein Wettkampf. Ich konnte das alles nicht mehr ertragen. Die Arbeit und das Verhältnis zu meinem Vater machten mich wirklich krank, und ich warf alles hin und teilte ihm mit, dass ich das Unternehmen verlassen würde.

Ich wollte frei sein. Endlich frei von diesem lieblosen Tyrannen! Meine letzten Worte an ihn waren: Ich will einfach nur dein Sohn sein und nicht ein Geschäftspartner, dem gegenüber es nur um Geld oder Macht geht.

Die letzten Worte meines Vaters waren das komplette Gegenteil.

Auch heute, mehr als zehn Jahre später, habe ich das Gefühl, dass seine arme Seele immer noch nicht ruht. Wie es scheint, kann er es nicht verkraften, dass sein Sohn ohne ihn erfolgreich und vor allem glücklich ist.

Oft wird mir die Frage gestellt, wo war denn die Mutter, die ihren Sohn hätte schützen können? Meine Mutter ist für mich eine liebe, aber sehr schwache Frau, die sich meinem Vater völlig untergeordnet hat. Ich denke, sie hat irgendwann einfach die Augen geschlossen und nicht wahr haben wollen, mit wem sie verheiratet ist.

Ich habe mir vorgenommen, als Ehemann das Gegenteil meines Vaters zu sein. Gewissermaßen bin ich dankbar für alles, was ich von ihm gelernt habe – vor allem, dass ich weiß, wie ich als Vater, Ehemann und Mensch nicht sein will!

# DONT MAKE ME WALK WHEN I WANT TO FLY

Hätte ich darauf bestanden, dass mein Vater mich auszahlt, hätte die Summe den Cashflow des Unternehmens überstiegen und ihn in arge Schwierigkeiten gebracht. Auf dem Papier besaß ich mittlerweile ja fast die Hälfte des Unternehmens. So gesehen war ich sehr reich.

Um zu zeigen, dass es mir nicht ums Geld ging, überschrieb ich meinem Vater meine sämtlichen Gesellschaftsanteile. Ich schenkte ihm einen Millionenbetrag. Einen Betrag, der mich ein Leben lang finanziell abgesichert hätte. Und das tat ich, weil ich später nicht hören wollte, ich hätte es nur mit seiner Abfindung im Leben geschafft. Ich wusste auch, dass ich mit diesem Betrag alles zurückzahlte, was mir mein Vater in materieller Hinsicht gegeben hatte, die Kosten meiner Ausbildung oder das elterliche Haus, in dem ich wohnte. Ich wollte Tabula rasa machen und hatte meine »Schulden« nun mehr als getilgt. Wir waren quitt!

Ich startete bei null. Ich blieb in der Versicherungsbranche, denn ich wollte ja beweisen, dass ich besser war als er. Und nachdem er im Jahr zuvor meinen Erfolg als zweitbestes Unternehmen bundesweit als den seinen verkauft hatte, war es an der Zeit, in ein Kopf-an-Kopf-Rennen zu gehen.

Er startete dieses Rennen mit einem extrem großen Unternehmen im Rücken, und ich hatte nichts, rein gar nichts außer meinem Wissen und zwei motivierten Auszubildenden, die mit mir gingen. Wir saßen an unseren Schreibtischen, und es herrschte Totenstille. Kein Telefon läutete, kein Kunde kam, schließlich wusste ja niemand, dass es uns gab. Alle meine Kunden waren im väterlichen Betrieb geblieben.

Mein Vater hatte so etwas wie einen Krieg gegen mich eröffnet. Nach allem was ich damals mitbekommen habe, redete er schlecht über mich, verdrehte die Wahrheit und setzte sogar eine Anzeige in die Zeitung, um die Öffentlichkeit gegen mich zu mobilisieren.

Er hatte Erfolg.

In Landshut wurde ich nicht einmal mehr in dem Eiscafé bedient, in dem ich vorher ein- und ausgegangen war. Natürlich glaubte dem seriösen Herrn Gillmeier jeder die Geschichte vom verlorenen Sohn.

Ich hingegen hielt meine Klappe und fraß alles in mich hinein. Ich wusste, es war Zeit, die Ärmel hochkrempeln und von Haus zu Haus zu laufen, um Kunden zu gewinnen. Schlimmer ging es nicht! Es hätte nur noch gefehlt, dass ich versuchte, einen Staubsauger zu verkaufen.

THE
SKY
IS NOT
MY
LIMIT

Es sei angemerkt, dass ich zu dieser Zeit noch meine Familie mit Frau und Kindern hatte sowie ein neu gebautes Haus mit monatlichen Verpflichtungen und diverse andere Immobilen, die als Investment finanziert waren. Das alles stammte noch aus der Zeit vor meinem Neustart.

Der Druck war ungemein hoch, aber ich war voller Rachedurst und angetrieben vom dem Willen, diesem Mann, meinem Erzeuger, zu zeigen, wie toll ich war – nämlich besser, als er es jemals gewesen war.

Was folgte, waren knapp zwei Jahre exzessiven Arbeitens. Ich ordnete alles dem Erfolg unter. Ich atmete und lebte nur für mein eines Ziel.

Mein Team und ich rannten von Haus zu Haus und warben für unsere Produkte. Es war definitiv die Holzhammer-Methode des Verkaufens. Und wir kamen voran, nur leider nicht schnell genug. Ich musste nachdenken, denn auf diese Art hätte es mehrere Jahre gedauert, um zurück in die Liga der Besten zu kommen.

Ich beschloss, auf die ganz großen Fische loszugehen. Auf die großen Unternehmen mit viel Umsatz. Mein Team und ich versuchten, Termine bei den Chefs zu bekommen, doch die Vorzimmerdamen machten einen guten Job und blockten uns ab. Ich beschloss, einfach persönlich hinzufahren und auf hartnäckig und charmant zu machen. Und das Gesetz der Masse, außerdem mein nettes Lächeln verbunden mit meinen dicken Eiern führten letztendlich zum Erfolg.

Schnell machte ich mir einen Namen in der Branche. Ich war jung, hochmotiviert, willig, alles zu geben, und hochqualifiziert. Achtzehn Stunden pro Tag, sieben Tage die Woche, Monat für Monat. Ich ruhte nur, um zu schlafen und zu essen, ich war auf einer Mission.

Der Cashflow war da. Die Kunden waren da. *I was back in the game*!

Und dann kam der Moment des offiziellen Rankings. Ich werde diesen Tag nie vergessen. Es lief finanziell super, und ich machte sehr gutes Geld, aber das war alles nicht wichtig – ich wollte besser sein als ER.

Ich kaufte die größeren Autos, größere Häuser, alles, um ihm zu zeigen: Ich bin groß. Schließlich hatte er mich ein Leben lang klein halten wollen unter der Zuhilfenahme von physischer und psychischer Gewalt.

Als persönliche Belohnung für meinen Erfolg bestellte ich mir einen Lamborghini Murciélago und tunte diesen auf 900 PS. Und genau in dem Moment, als das Auto geliefert wurde – ich sah es tatsächlich die Straße entlangfahren – kam die E-Mail mit dem offiziellen bundesweiten Ranking.

Ich höre den Sound des Lambo draußen auf der Straße und drücke in derselben Sekunde auf »E-Mail öffnen«.

Bammmmm! Ich war die Nummer 2 bundesweit, während mein Vater im Sumpf des Rankings irgendwo im Bereich 30+ zu finden war.

Ich hatte es geschafft. Ich hatte das Unmögliche möglich gemacht. Als Newcomer war ich wie noch niemand zuvor in der Geschichte der gesamten Branche auf Platz 2 eingestiegen. Ich hatte Geschichte geschrieben und es meinem Vater gezeigt, und allen anderen, die nicht an mich geglaubt hatten.

Auch das besagte Eiscafé in Landshut, welches mich vor zwei Jahren nicht mehr hatte bedienen wollen, rief nun an und meinte, dass ich gern kommen könnte mit meinem Lambo. Ein Parkplatz sei immer für mich reserviert, und zwar direkt vor der Tür. Diese Nachricht war für mich sehr wichtig, denn das Café lag ja in der Nachbarschaft von meinem alten Herrn!

Doch ich hatte einen hohen Preis bezahlt. Ich hatte mich zu einem Arschloch entwickelt, das es allen zeigen wollte. Ich war zu einer Maschine geworden, die nur das Wort »Erfolg« kannte. Ich war getrieben von meinem Rachedurst und dem Antrieb, es allen zeigen zu wollen.

Ich war zu einer Maschine geworden, und der Mensch war irgendwo auf der Strecke geblieben. Ich erinnere mich an diesen einen ganz entscheidenden Augenblick, als ich auf meiner Dachterrasse stand und auf meine Anwesen blickte – mir gehörte fast ein Großteil der Straße. Sieben Autos standen unten im Hof, meine wunderschöne Frau spielte im Garten mit meinen beiden wundervollen Töchtern, und es kam mir eine Frage in den Sinn. Diese Frage sollte alles verändern.

Es traf mich wie eine Faust mitten in mein Gesicht.

Ich fragte mich: *Warum zur Hölle bin ich nicht glücklich?*

Es war ein absoluter Schock-Moment. Es traf mich total unerwartet und mit voller Wucht. Auf dem Gipfel meines Erfolges stand ich dort oben und weinte wie ein kleines Kind. Ich realisierte, dass ich ein Raubtier geworden war, das dem Erfolg alles untergeordnet hatte. Das Gefühl der Rache und der Antrieb, es meinem Vater zeigen zu wollen, hatte wenig Raum für andere Gefühle gelassen. Ich hatte alles abgeschaltet, was mich hätte ablenken können.

Ich hatte die Schlacht gewonnen, aber mich als Mensch verloren.

Ich wusste, ich musste etwas tun.

Ich musste wieder ein Mensch werden.

Ich musste das Raubtier in mir töten und mich selbst neu erschaffen.

Noch einmal Tabula rasa – ich musste auf *reset* drücken!

Ich hatte keine Idee, wie ich das tun sollte. Aber wie immer in meinem Leben würde es drastisch und dramatisch werden, und das wurde es dann auch.

Allerdings wurde es noch viel drastischer, als ich es mir je hätte vorstellen können. Was folgte, waren verschieden Ereignisse, die ich durch meinen Veränderungswillen selbst in mein Leben zog.

Zuerst kam die Trennung von meiner Frau und den Kindern. Unsere Ehe war zu diesem Zeitpunkt nur noch eine Zweckgemeinschaft gewesen, und ich

hatte vieles falsch gemacht. Ich wollte, dass Kristin und die Kinder glücklich wären, und ich wusste, dass ich ihnen auf meinem Weg nicht helfen konnte.

Das Universum brachte meiner Frau drei Wochen nach unserer Trennung meinen besten Freund als neuen Partner. Das mag zuerst befremdlich klingen, aber die beiden sind heute immer noch zusammen, glücklich verheiratet, und sie haben zwei wundervolle eigene Kinder, sodass meine zwei Mädels in einer tollen Familie aufwachsen.

Ich erinnere mich an das Gespräch mit Hansi, in dem ich erfuhr, dass da mit den beiden was am Laufen war. Ich sagte zu ihm: Wenn du es Ernst meinst und sie glücklich machst, dann hast du meinen Segen. Wenn du sie verletzt, dann jage ich dich und bringe dich zur Strecke!

Er versprach mir, dass er ihr ein guter Partner sein würde. Und er hat bis heute Wort gehalten. Er ist ein guter Mann und Ehemann.

Danke, Hansi!

Die Trennung von meiner Familie hat mich über viele Jahre hinweg in meinem Träumen heimgesucht. Immer wieder habe ich geträumt, dass wir glücklich zusammen wären, und immer wieder bin ich weinend aufgewacht und wusste, dass ich es verbockt hatte.

Ich liebe meine Exfrau bis heute. Sie ist ein großartiger Mensch, sie ist die Liebe meiner Jugend und für immer in meinem Herzen. Ich freue mich sehr, dass sie trotz meines Versagens das Leben ihrer Träume lebt.

Mich hat die Trennung gebrochen, und ich weiß bis heute nicht, ob ich mein Herz jemals wieder vollständig öffnen werde. Doch dazu später mehr.

Mit gebrochenem Herzen war meine Energie weg. Ich verspürte keine große Motivation mehr, um zu arbeiten. Mein Ziel war erreicht, ich hatte es allen gezeigt. Ich fühlte mich leer, und ich versuchte diese Leere mit materiellen Sachen zu füllen und verprasste mein Geld.

Es kam, wie es kommen musste. Ich sah das Geld schwinden, und bevor alles weg war, gab ich den Rest an eine Charity, damit es endlich vorbei war.

Ich war pleite. Ich war am Ende. Ich hatte alles verloren.

Der Gang zum Amtsgericht, wo ich die Insolvenz anmelden musste, fühlte sich an wie der Kreuzweg. Ohne Frage war es doch das, worauf mein Vater und seine Anhänger des Landshuter Mob so sehnsüchtig gewartet hatten.

Was losbrach, war ein Feuer des Hasses. Nun, als ich ganz unten war, traute sich jeder, seinen Mund aufzumachen und auf mich einzuschlagen. Alles, was sich bei denen in meinen guten Zeiten an Neid angestaut hatte, entlud sich jetzt auf meinen Rücken.

Ich war auf der Straße. Die Immobilien wurden versteigert, die Vermögenswerte lagen beim Insolvenzanwalt, und mein Selbstbewusstsein war auf dem Level meines Kontostandes.

Ich war gebrochen, und obendrauf kam eine Rückenverletzung, die mich bis heute beeinträchtigt. So war es mir nicht einmal möglich, aufrecht zu gehen, und das passte perfekt ins Bild. Schlimmer konnte es nicht mehr kommen – dachte ich zumindest. Aber damit lag ich falsch!

Ich konnte mir schlagartig nur noch Fastfood leisten, da alle meine Konten gepfändet waren und ich keine Barreserven hatte. Ich schlief auf der Straße, denn von meinen Freunden war keiner mehr da – nachdem das Geld weg war, waren auch sie verschwunden. Ich war auf dem Boden der Realität aufgeschlagen, und das mit aller Wucht.

Vom Luxus zum Überlebens-Modus. Willkommen in der Hölle!

Eines Tages – ich versuchte Zeitungen zu verkaufen, um zu überleben, denn wenn man keinen Wohnsitz hat, helfen ein BWL- und Jura-Diplom herzlich wenig – sah ich mein Spiegelbild in einer Schaufensterscheibe und war entsetzt: Fett, unglücklich, pleite – ein Versager!

Es war der Geburtstag meiner Tochter, und ich wollte sie natürlich gern sehen. Die neue Familie feierte, ich war allerdings kein gern gesehener Gast, sodass sich »keine Zeit fand«, um das Treffen zu arrangieren.

Das gab mir den Rest. Niemand liebte mich - nicht einmal ich selbst ertrug mich noch.

Ich geriet in einen Teufelskreis des Selbstmitleides und Schmerzes. Zu allem Übel log ich auch den Menschen an, der mir am meisten bedeutete, meinen Opa. Er wusste nicht, dass ich auf der Straße war, denn ich wollte nicht, dass er sich Sorgen um seinen Enkel machte. Er hätte mir sofort geholfen, aber ich wollte ihn eben nicht beunruhigen. Ich fühlte mich so schlecht, als ich ihn während eines Telefonats wieder einmal anlog und erzählte, dass alles bestens sei.

Wie tief kann man sinken? Ich hasste alles und jeden und am meisten mich selbst.

Ich wollte sterben, und zwar so schnell wie möglich.

Tabletten? Vor den Zug werfen? Vom Hochhaus springen?

Ich hatte zuvor noch nie darüber nachgedacht, aber jetzt befasste ich mich ernsthaft mit diesem Gedanken.

Ich dachte an alle möglichen Varianten meines Selbstmordes.

Und je mehr ich darüber nachdachte, desto mehr tauchte ich ein in diese meine letzte Mission.

Ich verlor mich total. Ich konnte nicht mehr klar denken. Der Schmerz vernebelte meinen Geist.

Ich entschied mich für den Sprung von einem Hochhaus. Nach einer Weile fand ich auch eins, von dem ich meinte, die Höhe könnte ausreichen, um mein Desaster zu beenden. Über Umwege gelangte ich auf das Dach und stelle mich auf den Sims. Nur Zentimeter trennten mich vom Sturz in den Tod. Ich schaute nicht nach unten, denn ich hatte Angst, dass ich dann doch nicht springen würde.

Ich sah die Lichter der Stadt. Es war Nacht. Ich dachte an gar nichts mehr, ich war wie in Trance. Das war nun der Moment, ich schloss meine Augen und holte noch einmal tief Luft.

Und plötzlich kam mir ein Gedanke in den Sinn. Eine einzelne Frage.

Eine Frage, die abermals mein Leben veränderte und meinen Tod verhinderte.

Was wäre das perfekte Leben? Wenn die Bezaubernde Jeannie mich fragen würde: Wie soll dein perfektes Leben aussehen? Was würde ich dann sagen?

Es kam mir Baywatch in den Sinn. Kalifornien, Sonne, Hot Girls, durchtrainierter Körper, Glück und Lebensfreude ...

Ich musste lächeln beim Gedanken daran. Ich sah mich am Strand laufen, spürte förmlich den Sand unter meinen Füßen und sah meine Brustmuskulatur hüpfen wie damals bei David Hasselhoff. Hübsche Babes neben mir, die Sonne schien mir ins Gesicht, und ich war glücklich.

Auf einmal hatte sich etwas geändert. Da war der Funke eines Traumes.

Ich lächelte.

Nun man kann sich schlecht umbringen mit einem Lächeln im Gesicht.

Ich machte weiter: Ich will ein guter Mensch sein. Ich will anderen Menschen helfen. Ich will kein Arschloch mehr sein. Ich will wie ein Superhero sein mit all der Power und mit all der Energie eines Superheros, aber mit richtigen ethischen Werten!

Ja, das will ich. Das wäre es!

Mein Herz schlug mir bis zum Hals.

Und auf einmal packte mich eine unglaubliche Energie. Ich würde es noch einmal versuchen! Noch einmal würde ich von Neuem anfangen und alles geben, und dieses Mal würde ich alles richtig machen!

Ich schaute nach unten, in den Abgrund vor mir, und ich wusste, ich würde noch einmal ganz nach oben kommen, aber nicht um zu springen, sondern um zu leben.

Und das ist, wo meine Geschichte beginnt.

THERE
IS ONLY
ONE
COMPETITOR:

# YOU!

KAPITEL 2

# DER TRAUM – JA, SO SOLL ES SEIN!

Der Funke eines Traumes war da. Mächtig, aber dennoch irgendwie zerbrechlich.

Würde der Funke ausreichen, um ein loderndes Feuer zu entfachen? Oder würde er so schnell vergehen, wie er sich entzündet hatte? Ich musste den Traum am Leben erhalten, so wie er mich am Leben erhielt!

Auf jeden Fall hatte der Traum mich erst einmal vor dem Tod gerettet. Da gab es nichts zu beschönigen, das war verdammt knapp gewesen.

An alle da draußen, die sich genauso fühlen wie ich in diesem Moment – hier meine Worte:

Es ist es nicht wert. Wir haben nur das eine Leben, und wir sollten verdammt noch mal alles geben. Wenn die Nacht auch noch so dunkel erscheinen mag, sie ist vergänglich. Eine Nacht dauert nur ein paar Stunden. Es hat noch nie eine Doppel-Nacht gegeben. Auch ein Winter dauert nur ein paar Monate. Jede noch so harte Zeit geht vorbei.

Lasst euch nicht in den Sog der Negativität hinabziehen. Mir ist genau das passiert, und ich war Zentimeter vom Tode entfernt. Du musst den Sog durchbrechen, und zwar sofort, wenn du ihn spürst.

Denn je tiefer du gehst, desto mehr verlierst du dich.

Natürlich kamen mir nachher all die »logischen« Gedanken: Oh, mein Gott, was hätte ich da meinen Kindern angetan! Was hätte mein Opa leiden müssen! Aber wenn man so tief unten ist, dann kann man nicht mehr vernünftig denken, das ist das Problem. Man verliert sich.

Deshalb: Durchbreche die Negativität, sobald sie einmarschieren will. Ich stelle mir die düsteren Gedanken vor wie eine Armee von Feinden. Das Tor ist offen, sinnbildlich für deinen Geist, und der erste Soldat marschiert ein, dann der zweite, der dritte. Noch hast du genug Power, um mit deinen positiven Rittern den negativen Feind in die Flucht zu schlagen und das Schloss deines Lebens zu verteidigen. Aber je länger das Tor offen steht und je mehr Soldaten des Teufels Einzug erhalten, desto näher kommt der Punkt, an dem sie dein Dorf einnehmen und dein Schloss zerstören.

Ich weiß, wovon ich spreche. Ich mag den Vergleich mit den Rittern und dem Schloss, weil viele mich von Snapchat als King Yotta kennen, und so langsam ergibt alles einen Sinn. Doch dazu später mehr.

*

Alles schön und gut. Ritter, Schloss, wir haben es kapiert. Was aber tust du, wenn der erste negative Gedanke kommt?

Das ist eine der wichtigsten Erkenntnisse, die ich im stetigen Kampf mit der Negativität gelernt habe. Du stellst dir eine Frage! Du stellst dir die Frage!

Diese Frage ist der Game-Changer und verschließt sofort das Tor zu deinem Schloss. Bist du bereit? Okay, schreib dir diese Frage hinter die Ohren und verwende das Tool, wann immer du es brauchst, und ich denke, es wird täglich sein.

Die Frage lautet: **Was will ich stattdessen?**

Durch diese Frage verändern wir augenblicklich unser Blickrichtung.

Was will ich stattdessen?

Was ist das Gegenteil von dem, was ich befürchte und überhaupt nicht will?

Die Angst, die Sorge und meine negativen Gedanken zeigen mir sehr deutlich, was ich gerade nicht will.

Seien wir dankbar für diesen Hinweis, denn jetzt brauchen wir lediglich das Gegenteil dessen herzunehmen, vor dem wir uns fürchten, und schon haben wir unseren Wunsch.

Was will ich stattdessen?

Bammmmm – das Tor zum Schloss ist zu.

Nun gilt es, die eingedrungenen Soldaten der Negativität in die Flucht zu schlagen, bevor sie größeres Unheil anrichten.

Und das geht so: Bleib bei der allesentscheidenden Game-Changer-Frage und schmücke die Antwort aus.

Ein Beispiel:

Kurz vor dem Urlaub fühlst du den Anflug einer Grippe. Die Soldaten der Negativität kommen, sie kommen näher mit jeder Sekunde, die du diesem einen Gedanken deine Aufmerksamkeit schenkst: Shit, ich werde doch jetzt nicht krank werden. Genau vor meinem Urlaub, auf den ich mich schon so lange gefreut habe. Oh Mann, das ist echt scheiße!

Achtung: Das Tor ist offen, und ein paar Soldaten kämpfen schon gegen dein Schloss, das deinen Urlaub, dein Glück, dein Traumleben symbolisiert. Wichtig ist, dass du erkennst, dass hier wirklich jede Sekunde zählt!

Also stelle dir die Frage, was du stattdessen willst.

- ICH WILL GESUND SEIN!
- SEHR WICHTIG IST DIE POSITIVE FORMULIERUNG.
- DU MUSST DENKEN: ICH WILL GESUND SEIN!
- UND NICHT: ICH WILL NICHT KRANK SEIN.

Ich könnte psychologisch nun lange erklären, warum das wichtig ist. Sprich einfach mal laut aus: Ich will nicht krank sein.

Fühle, wie sich dieser Satz anfühlt.

Dann probiere es mit diesem Satz: Ich will gesund sein!

Was fühlt sich besser an? Na, siehst du. Der Praxis-Test ist immer noch der beste!

Nun bleib bei der Sache und bekämpfe weiter die negativen Soldaten, denn die Schlacht ist noch nicht gewonnen. Du hast das Tor aufgemacht, jetzt musst du dafür sorgen, dass dein Schloss »gereinigt« wird von den negativen Soldaten.

Halten wir als Zwischenergebnis fest:

Du willst gesund sein.

Okay, aber eigentlich willst du noch mehr als das, oder?

Du willst einen wunderschönen Urlaub erleben und diesen natürlich auch gesund genießen.

Perfekt – die Hälfte der Soldaten sind schon in die Flucht geschlagen.

Kümmern wir uns noch um die andere Hälfte.

Schließe die Augen.

Sieh dich im Urlaub, sieh dich am Strand liegen und fühle, wie gesund und glücklich du bist.

Atme tief ein und aus. Hörst du die Wellen? Spürst du die Sonne auf deinem Gesicht, den weichen Sand unter deinem Körper?

Du fühlst dich gut, gesund und glücklich.

Sehr gut, mein Freund! Je besser du in das Bild eintauchen kannst, desto mächtiger funktioniert es als Waffe gegen die negativen Soldaten.

Du hast Erfolg in deinem Kampf.

Nur noch eine Handvoll Soldaten ist übrig, dann hast du es geschafft.

Auf zum letzten Angriff!

Öffne nun die Augen und sage laut und voller Kraft:

Ich bin gesund, und ich werde diesen Urlaub in vollen Zügen genießen, voller Glück und Gesundheit.

Tatata! Die Fanfare ertönt. Du hast das Schloss verteidigt und alle negativen Soldaten in die Flucht geschlagen. Die Ritter des Positiven haben wieder einmal schnell reagiert und den Kampf gewonnen!

Glückwunsch!

Und das klappt mit allem so. Du musst das System verstehen, dann kannst du es auf alles anwenden.

Hier noch einmal im Überblick:

1. Stell dir die Frage: Was willst du stattdessen?

2. Schmücke die Antwort aus, füge so viele Details hinzu wie möglich.

3. Schließe die Augen und fühle es!

4. Öffne die Augen und formuliere ein Statement: Ich bin …! Ich werde …!

Glaube mir, das habe ich tagtäglich gemacht, als ich auf der Straße war.

Jeden Tag musste ich mir vor Augen halten, was ich *stattdessen* wollte.

Die Turmwächter deines Schlosses müssen jede Sekunde wach sein und Ausschau halten, ob negative

MONEY
MAGNET
King
Yorra

Soldaten im Anmarsch sind. Es ist ein 24/7-Job, du bist nie ganz in Sicherheit.

Aber du kannst dich jetzt ruhig und beschützt fühlen, denn jetzt weißt du, wie du reagieren musst, und egal, wie viele negative Soldaten kommen, diese Methode wirkt immer.

Ich musste in meiner dunklen Zeit viel Gedanken-Arbeit leisten, denn die Realität sendete mir im Minutentakt negative Soldaten.

Ich habe mir eine Traumwelt geschaffen und bin »schwanger« geworden mit meiner jeweiligen Vorstellung. Es ist immer nur eine Frage der Zeit, bis das Baby der positiven Gedanken zur Welt kommt.

Gib nie, gib nie, gib niemals auf. Du bist der Meister deines Lebens, und nichts ist vergebens.

*

Manche meiner Leser sehen vermutlich ihre Ziele und warten und warten und warten …

Aber genau hier ist der alles entscheidende Punkt. Wenn du die Zukunft siehst, wenn du deine Träume nur rein optisch visualisierst, dann verspreche ich dir, wird gar nichts passieren. Null Komma gar nichts!

Wie bitte? Ja genau!

Sehen allein ist einfach zu wenig.

Ja, aber was soll ich denn noch machen?

Bist du bereit für das ultimative Wünsche-Erfüllungs-Werkzeug?

Ich habe dir das Geheimnis oben schon verraten: Du musst die Zukunft fühlen, du musst deine Träume fühlen.

Ich nenne es Visualifühlen. *Visualifeeling.*

Das ist der Game-Changer!

Die Augen sind wertvoll, um deine Ziele zu sehen, aber wenn dazu noch das Herz ins Spielt kommt, dann bist du auf der Überholspur!

Meinen Studenten stelle ich immer die Frage, die auch mir damals durch den Kopf geschossen ist. Wenn die Bezaubernde Jeannie kommt und dich fragt, wie dein Traumleben aussehen soll, was sagst du?

In vielen Fällen kommt dann: Ich will reich und glücklich sein und gesund.

Ja, nett, aber Gänsehaut habe ich jetzt keine bekommen, wenn ich das höre.

Lass uns einen Schritt weitergehen: Beschreibe mir den perfekten Tag in deinem perfekten Leben!

Als Antwort kommt dann so was wie: Ich wache auf in einem schönen Haus und frühstücke ...

Stopp!

Ich lebe in Hollywood – lass uns einen Hollywood-Movie kreieren, und du schreibst das Drehbuch dazu. Wir brauchen Blockbuster-Zutaten, also Emotionen und Bilder.

Du bist Autor, Regisseur und Hauptdarsteller in einem!

Übrigens schreibt jeder von uns das Drehbuch seines Lebens, die meisten geben aber dummerweise den Stift an jemand anderen weiter.

So geschehen in meinem Leben: Mein Vater war der Regisseur, und ich nur eine Marionette auf der Suche nach Liebe und Anerkennung.

Wie oft machen wir etwas, nur um anderen zu gefallen oder deren Anerkennung zu bekommen? Wie viele machen tagtäglich einen Job, den sie nicht lieben! In den USA sind das schätzungsweise 85 Prozent. Kannst du dir das vorstellen? Du verbringst den Großteil des Tages mit etwas, das du nicht magst!

Es ist Zeit, dein Drehbuch selbst zu schreiben. Es ist dein Leben, und du hast das Recht, es so zu leben, wie du willst. Aber dazu ist es notwendig, erst einmal eine Vorstellung davon zu entwickeln, wie das perfekte Leben aussehen soll.

In diesem Sinne: Sei der Meister deines Lebens! Glaube an dich, nichts ist vergebens!

Statt Meister zu sagen, verwende ich gern den Begriff König, denn der König regiert sein Reich, und haben wir nicht schon im Vaterunser die Stelle: Dein Reich komme, wie im Himmel so auf Erden?

Na, ganz egal, welcher Religion wir angehören, wir haben das schönste Geschenk überhaupt erhalten: Den freien Willen und die Kraft des Erschaffens. Du kannst dir dein Reich, dein Traumleben erschaffen, und dazu musst du der König oder die Queen sein, nicht der Hofnarr, der nach der Pfeife anderer tanzt.

Klar? Ich hoffe es.

Für mich war es jahrelang nicht klar, und genau deswegen schreibe ich dieses Buch, damit ihr schneller zum Ziel kommt und euch meine Irrwege erspart bleiben.

***Cheers to King Yotta.***

Lang lebe der König!

*

Zurück zum Hollywood-Movie.
Du wachst auf ...

- OKAY, WAS SIEHST DU?
- WER LIEGT NEBEN DIR? ODER AUF DIR? ODER UNTER DIR?
- WELCHEN AUSBLICK HAST DU?
- HÖRST DU MUSIK?
- WAS RIECHST DU?
- WAS FÜHLST DU?

Wie du schon siehst, ist eine Szene im Drehbuch deines Lebens eine sehr komplexe Sache. Es macht keinen Sinn, da durchzurauschen wie ein Schnellzug. Da muss schon alles geregelt sein, wie in einem richtigen Hollywood-Movie, jedes Detail muss stimmen.

Und das ist es, was am Ende einen Blockbuster ausmacht. Und der Film deines Lebens soll ja ein Blockbuster sein und den Oscar gewinnen. Den Oscar für dein Lebenswerk!

Ich mache es dir mal vor. Hier kommt die Aufwachszene, die ich mir vorgestellt habe, als ich mir auf der Straße den Arsch abgefroren habe und gerade mal zwei Euro für zwei Hamburger bei McDonald's hatte.

Ich habe meine Augen geschlossen, und ich war in meinem Movie: Ich wache auf. Noch bevor ich meine Augen öffne, höre ich das Rauschen des Meeres. Frische Luft vom Ozean kitzelt meine Nase, und ich fühle mich gut. Es ist warm. Ich öffne meine Augen und sehe meine Freundin neben mir, sie ist nackt, und der Anblick ihrer großen Brüste lässt mich schlagartig munter werden.

Gegenüber unseres großen runden Bettes sind große Fenster, und ich sehe den blauen Himmel, Palmen und das Meer. Meine Freundin öffnet die Augen und lächelt mich voller Liebe an und sagt: Guten Morgen mein Schatz, ich liebe dich. Ich gebe ihr einen leidenschaftlichen Kuss.

Meine Haushälterin hat uns schon das Frühstück vorbereitet, sodass wir gestärkt in den Miracle-Morning starten können. Der Duft von frischem Toast steigt mir in die Nase, ich höre die Saftpresse, die uns den gesunden Orangensaft bereitet. Ich lächle und bin glücklich ...

Ich hoffe, du verstehst, um was es geht.

Wir brauchen Emotionen. Das Wort *Emotion* kommt aus dem Lateinischen und bedeutetet: herausbewegen. Wir wollen nämlich, dass sich unser Traum aus unserem Geist herausbewegt und Realität wird.

Glaube mir, es beginnt alles mit einem Gedanken. So steht es schon geschrieben in der Bibel.

Wobei es sich hier um einen Übersetzungsfehler handelt. Wir kennen das: »Am Anfang war das Wort, und das Wort ist Fleisch geworden.«

Der Originaltext bietet statt Wort auch *Gedanke* oder *Vernunft* als Übersetzung an. Und das finde ich noch viel besser: Am Anfang war der Gedanke, und der Gedanke ist Realität geworden.

Das ist die korrekte Übersetzung!

Die kirchlichen Nerds mögen mir meinen Hang zur Gestaltungsfreiheit verzeihen, aber ich habe noch einen Fehler gefunden. Wie genau es damals gewesen ist, wissen wir nicht, Freunde, und somit bleibt es bei dem Recht auf freie Interpretation.

Adam und Eva lebten im Paradies, bis sie vertrieben wurden.

Stopp!

Ich denke, das ist eine Erfindung der Kirche, weil wir uns als Sünder schlecht fühlen sollen. Wir wurden nie vertrieben. Wir leben immer noch im Paradies!

Das ganze Leben ist ein Paradies, weil wir es uns erschaffen können.

Wir haben die Macht und die Power des Erschaffens.

Mach die Augen auf – oder besser zu.

Jetzt könnte man meinen: Als ich obdachlos war, war ich vom Paradies doch recht weit entfernt, oder? Na ja, um genau zu sein, war ich nur einen Wimpernschlag entfernt. Denn wenn ich damals meine Augen geschlossen habe, war ich ja sofort dort – in meinem Paradies.

Das konnte damals mir und kann heute auch dir niemand nehmen, denn das Paradies ist in uns selbst.

Egal, wie deine Ausgangsposition ist, egal, wie scheiße es dir geht, fang an, den Movie deines Lebens zu kreieren.

Das ist der Start. Ich war selbst in der Scheiße, ich bin durch die Hölle gegangen und weiß, wovon ich spreche.

Hier noch einmal die Anleitung, mit der du das richtige Drehbuch für den Film deines Lebens schreiben kannst:

1. Starte mit dem Morgen eines perfekten Tages: Du wachst auf!
2. Was siehst du?
3. Was hörst du?
4. Was riechst du?
5. Was fühlst du?
6. Was tust du?
7. Wer ist mit dir zusammen?

8. Wo genau seid ihr? Land, Haus, Wohnung, Urlaub, Winter, Sommer?

9. Wie siehst du dich? Wie siehst du aus?

Das Tolle an diesem Movie ist, du kannst ihn permanent verändern.

Glaub mir, ich bin auch schon mit drei Mädels neben mir in meinem Movie aufgewacht, und wir hatten eine Menge Spaß. Du kannst deinen Film jederzeit anpassen und frei gestalten.

Du bist der Chef in einer Welt, zu der niemand Zutritt hat. Es ist die Welt deiner ganz persönlichen Phantasie. Ist das nicht wundervoll? Was für eine unglaubliche Gabe wir haben! Nutze sie, und dein Leben wird sich verändern.

Natürlich kannst du dir auch Bilder ausdrucken, die diesen Movie unterstützen, und sie in deinem Zuhause oder Office an die Wand kleben. Die Bilder sind aber nicht viel mehr als eine Gedankenstütze, die nur ein paar Tage wirkungsvoll ist. Dann hat sich das Auge an die Bilder gewöhnt, und wir schauen einfach darüber hinweg.

Ich bevorzuge fixe Rituale, bei denen ich den Movie in meinem Kopf abrufe:

1. Als Erstes, wenn ich morgens aufwache.

2. Als Letztes, wenn ich abends einschlafe.

3. Wann immer ich mein Schloss verteidigen muss.

4. Im Stau, bei Wartezeiten, etc. Also: So oft es geht!

Wir neigen dazu, uns auf das Leben anderer Leute konzentrieren.

Facebook-Timeline, Snapchat-Stories, Instagram, News, TV, Zeitungen – es dreht sich immer um das Leben der anderen.

Wenn wir diese Zeit und Aufmerksamkeit unserem eigenen Leben widmen würden, um herauszufinden, was wir wirklich wollen, und um unsere Träume aus dem Unterbewusstsein in unser Bewusstsein zu ziehen, dann würde die Welt anders aussehen. *Deine* Welt würde anders aussehen.

Fang an, dich auf dein Leben zu konzentrieren, denn das ist das einzige Leben, das du auch ändern kannst.

Wenn du tot bist und an der Himmelspforte stehst, und Gott fragt dich: Na, wie war dein Leben? Sagst du dann: Keine Ahnung, aber mein Freund auf Facebook war Sushi essen gestern, während Hanni auf Instagram Urlaubsbilder gepostet hat, und hast du schon gehört, der Karl ist jetzt …

Du magst über meinen kleinen Witz lachen, aber Freunde, das ist die Realität gerade! Das ist, was tagtäglich passiert. Du weißt mehr über das Leben deiner Freunde als über deine Träume und Wünsche!

FOCUS
ON
YOURSELF
AND
FLY.

Also stopp diesen Nonsens und fang an, dich auf dein eigenes Leben zu konzentrieren.

Vielleicht hilft dir eine Erinnerung auf dem Handy. Jedes Mal, wenn du die Social Media checken willst, legst du zukünftig dein Handy weg und arbeitest an deinem eigenen Movie. Oder stell dir einen Alarm, damit du wenigstens zwei bis drei Mal am Tag daran denkst, in diese Welt einzutauchen und weitere Details hinzuzufügen.

Du kannst so viele Details zu deinem Traum-Movie hinzufügen, wie du willst. Je mehr, desto besser – irgendwann tauchst du richtig ein und fühlst das Paradies!

Du kannst die Farbe deiner Bettdecke bestimmen oder welche Unterwäsche dein Partner beim Aufwachen trägt. Glaub mir, das bringt richtig Spaß. Manchmal habe ich mich in meinem Traum aufwachen lassen, und meine Partnerin steckte in einem sexy Latex-Catsuit, und anstatt »Ich liebe dich« hat sie »Fick mich!« gesagt.

Der Phantasie sind keine Grenzen gesetzt. Und die Phantasie ist wie ein Muskel, du musst ihn trainieren, dann geht es richtig ab. Glaube mir!

Stopp!

Glaube mir nicht einfach, probiere es!

Trainiere den Phantasie-Muskel, und du wirst besser und stärker. Jede Übungseinheit sorgt für die Vervollständigung deines Traumes und bringt ihn umso schneller in deine Realität.

Das ist die Arbeit, die wirklich zählt. Vergiss deinen Job und alles andere – die Arbeit an dir selbst wird dich am Ende weiterbringen.

Es ist so einfach, du musst es einfach nur tun.

Ich persönlich liebe es auch, mein Drehbuch aufs Papier zu bringen, weil das Schreiben mir hilft, mich zu fokussieren.

Hier noch einmal alle Tipps im Überblick:

1. Durchbreche dein Verhaltensmuster. Statt zum Handy zu greifen und Social Media zu checken, arbeite an deinem Movie.

2. Stell dir einen Alarm, damit du zwei bis drei Mal täglich dran denkst, weitere Details zu deinem Movie hinzuzufügen.

3. Arbeite an dir selbst, denn das ist es, was dich wirklich weiterbringt, alles andere ist weniger wichtig.

4. Trainiere deine Phantasie! Entfalte das unendliche Potenzial deiner Schöpfungskraft.

5. Du bist auf dem richtigen Weg, wenn dein Movie sich so real anfühlt, als ob es schon eingetreten wäre.

DON'T
FIND
YOURSELF.
CREATE
YOURSELF.

MONEY MAGNET

KAPITEL 3

# DER GLAUBE – ICH WÜRDE JA GERN, ABER …

Wie du dir sicher vorstellen kannst, hatte ich viele Momente, in denen ich daran zweifelte, dass ich jemals den Weg aus meiner Misere herausfinden würde.

Man stelle sich das vor: Ich war der Typ mit dem Lambo und den Häusern, und dann stand ich auf der Straße und versuchte, Zeitungen zu verkaufen, um mir etwas zum Essen leisten zu können.

Das fickt dein Hirn, aber mal so richtig. Natürlich stellte ich mir diese Frage immer und immer wieder: *Was will ich stattdessen*? Und natürlich tauchte ich immer wieder in meine Traumwelt ein und gestaltete meinen eigenen Hollywood-Movie. Aber da war immer diese verdammte Stimme in meinem Kopf, die sagte: *Du bist ein Versager! Nie im Leben kommst du aus diesem Loch wieder raus. Wie soll das möglich sein? Wie?* Mein hungriger Magen und die Kälte in meinem Körper bestätigten mich nur in meinen Zweifeln.

Es war ein erbitterter Kampf. Meine Traumwelt gegen die brutale Realität. Ständig hatte ich das Gefühl, dass ich diesen Kampf nicht gewinnen könnte.

ARROW

Wie zum Teufel sollte ich an meine Träume glauben, wenn ich jeden Tag ums blanke Überlegen rang. Mein Traum schien mir so weit entfernt wie Deutschland von Kalifornien – und zwar für jemanden, der die Strecke schwimmen sollte. So fühlte ich mich: Ich kämpfte im Ozean ums Überleben, während mein Traum 10.000 Kilometer entfernt war. Es war unmöglich.

Eines Tages, als ich mich wieder in einem Kaufhaus aufhielt, um mich aufzuwärmen, schlenderte ich durch die Buchabteilung. Ich tat das ziemlich regelmäßig, hauptsächlich, um mich abzulenken.

Da fiel mir ein Buch auf von Napoleon Hill: *Denke nach und werde reich*. Ich kannte das Buch vom Namen her. Ich schlug es auf und las einen Satz, der mein Leben verändern sollte:

**»Es ist nicht entscheidend was du kannst, es ist entscheidend, was du glaubst, dass du kannst!«**

Moment mal! Ich war wie gebannt. Etwas hatte Klick gemacht, ich hatte nur noch nicht ganz verstanden, was es war. Ich nahm das Buch, verkrümelte mich in eine Ecke und begann zu lesen. Der Text zog mich in seinen Bann, es verging Stunde um Stunde, ich hörte nicht auf zu lesen. Ich las das ganze Buch in einem Stück und sog jede einzelne Zeile, jedes Wort in mich auf. Es war unglaublich, welches Wissen Napoleon Hill mir da zur Verfügung stellte. Ich konnte mein Glück kaum fassen, dass ich Zugang gefunden hatte zu diesem Schatz!

Als ich das Buch beendet hatte, fühlte ich mich erleuchtet und dumm zur gleichen Zeit. Da hatte dieser Wissens-Schatz die ganze Zeit vor meinen Augen in der Buchabteilung herumgelegen, und ich war wochenlang daran vorbeigegangen, weil ich zu beschäftigt gewesen war, ein paar Euro zu machen, um zu überleben.

Es war ein zweischneidiges Schwert, denn nun hatte ich zwar das Wissen des Buches in meinem Kopf, aber keinen einzigen Cent für ein Abendessen – und ich hatte einen Mega-Kohldampf.

Wieder zurück in der Kälte beschloss ich, Napoleon Hill einmal auf den Zahn zu fühlen. Na, dann wollen wir das neue Wissen mal in der Praxis testen, dachte ich mir. Mehr so zum Spaß fing ich an, »Geld fließt mir zu« vor mich hinzusagen, während ich durch die Straßen lief.

Und ein paar Minuten später, ich traute meinen Augen nicht, lagen fünf Euro direkt vor mir auf dem Bürgersteig. Ich hob sie auf und schrie laut: »Jaaa, *I am a money magnet*!« Ein Passant sah mir zu, lächelte und sagte: »Da hat aber jemand Glück gehabt.«

Glück oder Visualisierung, das war mir zu diesem Zeitpunkt egal. Die Hauptsache war, dass ich Geld hatte für ein Abendessen.

Doch die ganze Nacht konnte ich nicht schlafen, was nicht am harten Untergrund und der Kälte lag, daran hatte ich mich gewöhnt. Es waren die Worte von Napoleon Hill, die mir durch den Kopf gingen, immer und immer wieder.

Ich beschloss, am nächsten Tag noch einmal zurückzugehen und weitere Bücher zu diesem Thema zu lesen. Ich war auf einer Mission. Ich wollte alles an Wissen aufsaugen, was ich nur finden konnte.

Gesagt, Getan. Ich tauchte ein in die Materie von Glauben, Reichtum und dem Gesetz der Anziehung. Ich las täglich ein Buch, manchmal sogar zwei, ich machte mir Notizen und lernte wie ein kleines Kind in der Schule.

Jetzt wusste und spürte ich die Bedeutung eines Satzes, den ich so oft gehört hatte: Wissen ist Macht! Wenn du weißt, dass du alles erreichen kannst in deinem Leben, und wenn du außerdem weißt, wie, das ist wahre Macht!

Kurze Erinnerung: Du hältst gerade den Schlüssel zur Macht in deinen Händen. Das hier ist kein Buch – es ist dein Schlüssel zur Power!

*

Innerhalb der nächsten Wochen änderte ich mein komplettes Mindset, meine Denkweise, und was für eine Überraschung – mein Leben begann sich ebenfalls zu ändern.

Wie das funktioniert, will ich dir gern erklären.

Es ist wissenschaftlich bewiesen, wenn wir 21 Tage etwas machen, dann wird es zu unserer Routine, und unsere Routine formt unseren Charakter. Das sind gute Nachrichten für alle Arschlöcher: Du kannst dich in 21 Tagen ändern!

Du kannst dich jederzeit neu erfinden. Egal, wer du bist oder warst, du kannst es jederzeit ändern.

Das Wichtigste ist jedoch, seinen Filter zu ändern. Wir nehmen so viele Informationen pro Sekunde auf, dass nur zwei Prozent der Wirklichkeit an unser Bewusstsein durchgereicht werden, da wir sonst einen Kollaps bekommen würden. Stelle dir vor, du hörst dein eigenes Herz schlagen und das Blut durch deine Adern rauschen und, und, und … Nein, wir sind so gebaut, dass wir uns auf das »Wichtige« konzentrieren, und was wichtig ist, entscheidet der Filter unseres Unterbewusstseins, der die besagten zwei Prozent ins Bewusstsein durchlässt und 98 Prozent abblockt.

Weißt du, was das heißt? Wir nehmen aktiv nur einen Bruchteil der Realität wahr. Und da sollten wir doch ganz schnell sicherstellen, dass es auch die richtigen zwei Prozent sind! Wenn du glaubst, die Welt ist schlecht, werden die zu dieser Einstellung passenden zwei Prozent weitergeleitet, und du fühlst dich bestätigt. Wenn du glaubst, du bist ein Money Magnet, werden ebenfalls die passenden zwei Prozent weitergeleitet, und du siehst die Welt mit anderen Augen.

Rein rechnerisch gibt es unzählige Möglichkeiten, wie die zwei Prozent sich aus der hundertprozentigen Wirklichkeit zusammensetzen. Das heißt, du kannst dir unendlich viele verschiedene Realitäten erschaffen, je nachdem, welchen Filter du anwendest. Wie verrückt ist das denn?

Das Schlimme ist, dass die meisten Menschen den Filter anwenden, ohne sich bewusst zu sein, dass sie

Und weißt du was? Die böse Stimme in meinem Kopf verstummte. Das Gute gewinnt immer. Du musst nur oft genug und mit genug Power deine Affirmation, deine bejahende Gefühlshaltung wiederholen, und die böse Stimme wird aufgeben!

Wow. Ich hatte den Schlüssel gefunden. Ich wusste nun, wie ich mich selbst von meinem Glauben überzeugen konnte. Ich musste einfach das, was ich sein wollte, stetig wiederholen, und genau das tat ich mit all meiner Power immer und immer wieder!

*

Das Kuriose ist, dass sich in diesen Wochen alles änderte. Alles! Ich wurde tatsächlich ein Money Magnet!

Es begann damit, dass ich auf einmal mehr Zeitungen verkaufte. Irgendwie waren die Leute netter und williger, zu kaufen.

Das blieb auch den anderen auf der Straße nicht verborgen, und sie fragten mich, wie ich das machte. Also begann ich sie zu coachen, natürlich gegen Beteiligung an ihrem Umsatz, der sich nun ja vermehrte.

Ich baute mein eigenes Sales-Team auf der Straße auf. Ich coachte meine Truppe am Morgen, und wir alle riefen so laut wir konnten: *I am a money magnet*! Zusätzlich trainierte ich mit ihnen den professionellen Verkauf, immerhin hatte ich das ja in meinen »alten« Leben in Perfektion praktiziert.

Ich organisierte Team-Meetings während des Tages, damit mein Team auch motiviert blieb. Am Abend trafen wir uns und überlegten gemeinsam, was gut gewesen war und wie wir uns weiter verbessern konnten. Das alles sprach sich schnell herum, und immer mehr Leute schlossen sich meinem Team an. Ich machte mir einen Namen auf der Straße.

Und anstatt zwei oder drei Euro pro Tag verdiente ich nun um die sechzig Euro.

Meine Armee auf der Straße wuchs, und wir wurden das beste Sales-Team bundesweit.

Meine Energie und mein Mindset hatten sich geändert. Ich sah mich nicht mehr als pleite, ich sah mich als jemanden, der gerade ein Problem mit seinem Cashflow löste.

Der Erfolg motivierte mich weiter und bestärkte mich auf meinem Weg.

Es gibt den Teufelskreis im Negativen und den, wie ich es nenne: Engelskreis im Positiven. Beide Spiralen funktionieren gleich gut, nur in unterschiedliche Richtungen. Es ist deine Entscheidung, welchem Kreis du beitreten willst. Es erfordert eine wenig Kraft und Engagement, aber es ist immer möglich, vom Teufelskreis zum Engelskreis zu wechseln, so wie ich das gemacht habe.

Und der richtige Moment für die Veränderung wird nie kommen.

Der richtige Moment ist jetzt, genau *jetzt*, wenn du es entscheidest!

Eines Tages musste ich zu einer Gerichtsverhandlung. Eigentlich eine negative Sache, aber noch während ich wartete, fing ich wieder an, meine Money-Magnet-Sprüche aufzusagen. Ich nenne diese Vorgehensweise *Affirmation*. Dieses Wort liebe ich, weil der Ursprung aus dem Lateinischen kommt und so viel wie Verstärkung meint. Ja, ich will die Power des Geld-Magneten verstärken.

Und als ich meine Sätze so vor mich hinsagte, kam ein alter Bekannter, der als Zeuge geladen war, und fragte mich, was ich denn so machte. Ich sagte, ich sei im Verkauf, was ja auch stimmte, wenn auch im Straßen-Verkauf.

Lange Rede, kurzer Sinn: Er bot mir an, in den pharmazeutischen Bereich zu wechseln, wo ich die Möglichkeit hatte, in Apotheken zu verkaufen. Ich sagte sofort zu und begann eine Ausbildung, um die notwenige Lizenz zu erhalten.

In Rekordzeit war ich damit fertig und startete mit den Apotheken.

Mein Leben hatte sich soeben auf das nächste Level begeben.

Was war geschehen?

Nach dem Abitur war ich an der Universität gewesen und hatte erfolgreich BWL mit Schwerpunkt Jura studiert. Aber die Zeit in dem Kaufhaus, als ich alle Bücher zum Thema Erfolg, Glück und Geld verschlang, war mein eigentliches Studium – an der Universität des Lebens. Ich lernte, wie das Leben funktioniert. Und der Praxistest bestätigte mich, dass die

Sache mit dem Glauben und der Affirmation kein spirituelles Ding war, sondern ein Gesetz des Lebens, das einfach funktionierte.

Punkt.

Der Schritt auf das nächste Level war für mich ein unglaublicher Push. Es war der ultimative Beweis, dass die Affirmationen wirklich funktionierten. Natürlich war ich von meinem Traum-Ziel noch weit entfernt, aber ich war eben auch ein Level näher dran als zuvor!

Schon nach ein paar Wochen konnte ich mir eine Wohnung leisten und sogar ein Mietauto. Ich war zurück im normalen Leben.

Allerdings war ich nicht mehr derselbe wie früher. Das arrogante Arschloch von damals war gestorben. Die Straße hatte mich demütig und menschlich gemacht.

Eine weitere Visualisierung war Wirklichkeit geworden, denn das hatte ich ja werden wollen – ein guter Mensch.

Damit auch du dein Leben verändern und auf das nächste Level heben kannst, hier noch einmal die einzelnen Schritte im Überblick.

1. Glaube an dich und an das,
   was du sein willst.

2. Kreiere deine eigenen Affirmationen,
   kurz und bündig.

3. Die Affirmationen müssen sich gut anfühlen, wenn du sie aussprichst.

4. Formuliere die Affirmation mit all deiner Power und Energie.

5. Formuliere die Affirmation so oft du kannst, je öfter desto besser.

6. Wenn die negative Stimme in deinem Kopf schreit, dann schrei lauter zurück.

7. Kreiere verschiedene Affirmationen, für alle Bereiche in deinem Leben.

Noch heute greife ich auf meine Affirmationen zurück, sie sind ein fester Bestandteil meines Lebens. Hier ein kleiner Auszug meiner All-Time-Favoriten:

- ICH BIN EIN MONEY MAGNET!

Tatsächlich finde ich tagtäglich Geld auf der Straße und entdecke unzählige Business-Chancen. Es spielt keine Rolle, ob es um einen Cent oder eine Million geht, ich bin dankbar für jedes Geld, das ich anziehe.

- ICH BIN STARK, GESUND UND VOLLER ENERGIE!

Besonders in der Früh ist diese Affirmation das beste Frühstück, um wach zu werden.

### ◆ ICH BIN EIN LOVE-MAGNET!

Meine Suche nach der Liebe – selbstverständlich darf diese Affirmation nicht fehlen.

Und dann mein absoluter Liebling unter den Affirmationen, weil dieser Satz einfach alles beinhaltet und sich so gut anfühlt:

### ◆ ES GEHT MIR VON TAG ZU TAG UND IN JEDER HINSICHT IMMER BESSER UND BESSER UND BESSER!

Wow, sogar beim Schreiben dieser Zeilen spüre ich die unglaubliche Energie.

Du solltest es versuchen, gleich jetzt, es gibt keinen besseren Zeitpunkt zum Starten als genau diesen.

Ich lese immer wieder: *Work hard, play hard*!

Wir sollten es mal mit: »*Think hard*!« versuchen.

Den Geist, das Mindset zu kontrollieren und immer wieder in der Spur zu halten mit positiven Gedanken, das ist die eigentliche »hard work«.

Und nebenbei auch die effektivste!

Es erforderte harte Disziplin, sich umzugewöhnen. Der Mensch ist ein Gewohnheitstier, und genau das sollten wir nutzen. Wir sollten unsere Gewohnheiten so positiv wie möglich gestalten, denn dann ist nichts mehr dagegen einzuwenden, dass wir ein Gewohnheitstier sind.

Oft haben sich über Monate und Jahre negative Gewohnheiten gebildet, nicht zuletzt in unserer Sprache. Ausdrücke wie »nicht möglich«, »nichts für mich«, »niemals« fördern unsere negativen Denkmuster.

In diesem Kapitel habe ich dir aufgezeigt, dass es auch unter schweren Bedingungen möglich ist, diese Gewohnheiten und Muster zu durchbrechen. Du hast gelernt, wie es geht, jetzt ist es an dir, das Gelernte zu übernehmen und dein Leben zum Besseren zu verändern.

Tu es. Jetzt!

LIFE
BEGINS
AT THE END
OF YOUR
COMFORT
ZONE

KAPITEL 4

# DAS PLATEAU – ICH FÜHL MICH EIGENTLICH GANZ GUT HIER

Das Plateau. Die Todeszone!

Warum? Weil du nicht weißt, dass du dich in der Todeszone befindest.

Dein Leben ist ganz okay. Es gibt keinen großen Grund zur Klage.

Ich denke, so oder so ähnlich beschreiben die meisten Menschen ihren Status Quo.

Wenn du so denkst, dann bist du tot. Du lebst nicht, du überlebst, oder besser: du wartest.

Aber zu leben bedeutet so viel mehr. *You call it a moment – I call it life*!

Das Leben sollte ein einziger geiler Moment sein und nicht eine zähe Warterei aufs Wochenende oder den nächsten Urlaub, in dem endlich mal ein wenig Spaß stattfinden könnte.

YOU
CALL IT
**MOMENT -**
I CALL IT
LIFE!

Ich weiß, wovon ich spreche – ich selbst war gefangen in diesem Trott.

Nach meinem Wiederaufstieg von der Straße in die Gesellschaft lief alles ganz gut. Ich hatte eine tolle Wohnung, wieder ein tolles Auto, eine Partnerin mit einem tollen Körper, und am Wochenende saß ich im *Hugo's* in München, und meine Freunde und ich dachten, wir wären die Helden.

Und so ging es Woche für Woche, Monat für Monat.

Ich war mittlerweile Verkaufsleiter und strampelte mich unter der Woche ab, damit ich am Wochenende Party machen konnte. Das Leben war gut.

Aber ich stand still. Ich machte keinen Fortschritt mehr. Keinen wirklichen Fortschritt, denn ich befand mich im Hamsterrad des Alltags!

Mein Ziel, dass ich irgendwann nach Amerika wollte, hatte ich als Fünf-Jahres-Ziel definiert. Weit genug weg, um nichts ändern zu müssen, aber nah genug, damit es sich noch gut anfühlte.

Und das war der Fehler. Es fühlte sich gut an, es fühlte sich okay an.

Es ist okay? Stell dir vor, du heiratest, und du sagst am Abend über den vermeintlich schönsten Tag des Lebens: Es war okay. Ich denke, da würde dein Partner sofort die Scheidung einreichen. Okay ist für Verlierer!

Das Leben ist mehr als okay. Das Leben sollte exorbitant schön sein.

Damals verwendete ich gern das Wort »mega«. Alles war mega-cool und mega-schön für mich. Irgendwann allerdings stolperte ich über das metrische System und stellte fest, dass »mega« kein sonderlich hoher Wert ist. Mega kommt gleich nach »Kilo«, und ein Kilo ist bekanntlich nicht viel.

Da brachte ich also jedes Mal genau das Falsche zum Ausdruck!

Oder genau das Richtige, denn mein Leben war gerade einfach nur mega.

Aber was war denn das Höchste in diesem metrischen System?

Da stand es!

Das Wort, das wieder einmal mein Leben verändern sollte.

YOTTA.

Das Höchste ist Yotta.

Das war der Tag, an dem ich beschloss, dass ich ein Yotta-Leben, ein *Yotta Life* haben wollte.

Ich will das höchste Level erreichen, das im Leben möglich ist.

Es war der Geburtstag von Yotta Life, und ich war Mister Yotta, oder besser: King Yotta, ready, um mein Schloss und Empire zu erschaffen.

Ich ging eine Runde mit meinem Hund Luna spazieren, und weil es wieder einmal kalt war in Bayern, fror ich mir den Arsch ab. Scheiß Frost, ich hasse Kälte. Wie geil wäre es jetzt gewesen, in der Sonne zu sein und im T-Shirt herumlaufen zu können.

Moment mal! Schlechtes Wetter ist eine Entscheidung, kam es mir in den Sinn. In Kalifornien hatte es auch im Winter sommerliche Temperaturen.

Ja, ich hatte noch immer meine Visualisierung und meinen Hollywood-Movie, aber über die Zeit hatte er irgendwie an Power verloren.

Ich realisierte, dass sich eine gewisse Routine eingeschlichen hatte. Ich lebte meinen Traum nicht mehr mit voller Hingabe und Leidenschaft! OMG – ich war in der Okay-Todeszone, im Hamsterrad des Alltags angekommen. Die Power, die ich gehabt hatte, um von der Straße wegzukommen, war einer Routine gewichen, in der alles nur ganz gut lief.

Mein Hollywood-Movie hatte an Emotionen verloren. Mein Traum war in Gefahr, denn die Energie wurde weniger und weniger, und es war nur eine Frage der Zeit, bis sie erlöschen würde. Es war Zeit, meinem Traum eine Energie-Spritze zu verleihen. Aber wie?

Und da kam mir eine Idee. Auf einmal wusste ich, was ich zu tun hatte – ohne Wenn und Aber.

Zurück von meinem Spaziergang setzte ich mich an den PC und buchte eine Woche Urlaub in Kalifornien. Und zwar sofort! Der Flug ging in drei Tagen. Es war Primetime im Jahresendgeschäft, und mein Chef würde mehr als sauer sein, aber das war mir egal. Der Flug war gebucht, und ich war auf einer Mission. Ich musste meinen Traum wieder zum Leben erwecken! Es ging hier nicht um einen Job, verdammt, es ging um mein Leben, um meinen Traum!

Drei Tage später war ich in Los Angeles. Schon bei der Ankunft fühlte ich mich sofort glücklich und wohl. Das Wetter, die Stadt, die Menschen, einfach alles fühlte sich so gut an. Ich saugte die Stimmung auf wie ein Schwamm, Himmel, ich liebte diese Stadt.

Ich muss hier hin!, dachte ich.

Und das war der entscheidende Moment. Das war ein weiterer Durchbruch. Ein einziges Wort machte wieder einmal den Unterschied. Ein Wort, das schlagartig meine gesamte Energie zum Leben erweckte und meinen Movie so powerful machte, wie schon lange nicht mehr.

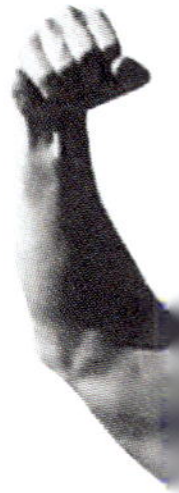

Vorher hatte ich immer gesagt: Ich will nach Los Angeles!

In diesem Moment sagte ich: Ich *muss* nach Los Angeles!

Ich muss. Ohne Wenn und Aber. Ohne Plan B.

»Ich muss« ist die Vorstufe von »Ich werde«.

Und danach kommt »Ich habe«.

Und das ist ein großer, ein sehr großer Unterschied.

Ein Beispiel:

Jürgen Klopp, der erfolgreiche Fußball-Trainer, wurde einmal gefragt, welche seiner Spieler er für die Start-Elf nominieren würde. Wohl die, die gewinnen wollten, oder? Er antworte: Nein, die, die *unbedingt* gewinnen wollen!

Verstehst du den Unterschied?

Wir alle haben Träume und Ziele, so wie ich damals. Und ich dachte, ja klar, es wäre schon super, wenn ich meinen Traum erreichen könnte. In diesem Moment, als ich in Los Angeles stand, wusste ich jedoch: Ich will nicht nur hierhin, ich *muss* hierhin, und ich *werde* hierhin kommen!

Jeder einzelne Tag dieser Urlaubswoche bestätigte mich nur noch mehr. Ich spürte die Stadt, und ich verliebte mich mehr und mehr. Mein Hollywood-Movie war nicht nur zum Leben erweckt worden, er wurde zu meinem Lebenselixier.

Mein Traum war keine Option mehr, es war ein MUSS.

Was war passiert? Hier noch einmal die Zusammenfassung für dich:

1. Ist dein Leben okay, mega oder yotta?

2. Ist dein Traum eine Option oder ein Muss?

3. Durchbreche das Plateau.

4. Erwecke deinen Traum zum Leben. Gib ihm eine Energiespritze.

5. Was auch immer du dafür tun musst, tu es JETZT!

6. Dein Traum-Leben hat oberste Priorität.

7. Keine Entschuldigung und Ausrede ist so stark, wie dein Traum es sein sollte.

*

Viele von uns sind gefangen in einem Käfig, den wir uns selbst geschaffen haben. Wir fühlen uns verpflichtet, Dinge zu tun, die wir nicht tun wollen. Wir denken zu viel darüber nach, was andere von uns denken und erwarten. Wir wollen diese Erwartungen erfüllen, um andere nicht zu enttäuschen, und all dies zusammengenommen baut sich zu einem Hamsterrad auf, in dem wir tagtäglich laufen.

Wir haben Freunde und ein Umfeld, das uns in dem bestätigt, was wir tun. So war das damals auch bei mir in München. Als ich zurückkam und voller Energie von meinem Beschluss erzählte, bekam ich sofort die volle Breitseite: Ja toll, ABER ...!

Die Leute um mich herum wollten natürlich nicht, dass ich ausbrach und mich veränderte, denn das hätte ihnen ja gezeigt, dass so etwas möglich war und sie ihre Chance einfach nur verschliefen.

Da waren sie, die Feinde meines Traums. Getarnt als meine besten Freunde. Und manche meinten es nicht einmal schlecht.

WENN SIE ES SICH NICHT FÜR SICH SELBST VORSTELLEN KÖNNEN, DANN KÖNNEN SIE ES SICH AUCH NICHT FÜR DICH VORSTELLEN.

Die Zweifel deiner Freunde sind jedoch nur eine Spiegelung ihrer selbst auf dich.

Du hast zwei Möglichkeiten: Entweder du bist sehr stark und lässt alles an dir abprallen. Oder zu sprichst mit niemandem über deine Ziele und Träume. Der Feind lauert überall – die bösen Ritter, die dein Schloss einnehmen und verhindern wollen, dass du dein Imperium weiter ausbaust. Ignoriere sie alle, denn sie wissen nicht, was sie tun.

Ich musste sehr stark sein damals, aber mein Traum war zu einflussreich, ich hatte meine Entscheidung bereits getroffen. Ich wusste, dass ich etwas ändern musste, um schneller voranzukommen, denn mein damaliger Job hätte es mir nicht ermöglicht, meinen Traum schnell zu erreichen.

Und das wollte ich: So schnell wie nur möglich in die USA!

Ich wusste, es musste etwas geschehen. Ich hatte bloß noch keine Ahnung, was.

Und nebenbei: Ich hasste meinen Job. Apotheker mögen ja nette Menschen sein, da bei ihnen jedoch alle fünf Minuten ein anderer Vertreter zur Tür hereinkommt, sind sie sehr abweisend und nicht unbedingt der Menschenschlag, mit dem man tagtäglich zu tun haben will.

Eine weitere wichtige Erkenntnis: Ich wollte etwas machen, das ich wirklich gern mache. Ich will lieben, was ich tue!

Mache, was du wirklich liebst, und du ersparst dir eine Menge Motivationsarbeit.

Das Einzige, was ich wusste, war also, an welches Ziel ich wollte. Ich wusste jedoch nicht, welcher Weg dorthin führen würde.

Und das ist, was zählt. Wir versuchen immer wieder, den Weg zu sehen, aber das ist gar nicht notwendig. Wenn du das Ziel vor Augen hast und fest daran glaubst, dass du ankommen wirst, dann wird der Weg dich finden – nicht umgekehrt.

So geschah es auch bei mir. Ich kam durch einen Bekannten in Kontakt mit der Beauty Industrie. Solche Sachen geschehen meist aus dem Nichts, und man sagt dann schnell, es sei Zufall oder Glück gewesen. Ich sage dann immer: Die Lieferung wurde zugestellt.

Denn du bekommst alles geliefert, was du dir von Herzen wünschst oder von Herzen fürchtest.

Achtung: Liebe und Angst sind beides gleich mächtige Gefühle!

Wie heißt es in der Bibel: Dir geschehe nach deinem Willen!

Ich würde es so formulieren: Dir geschehe nach deinem emotionalen Impuls.

Du sendest eine Welle aus, und das Universum liefert, ganz ohne jede Wertung.

Verliere deshalb nie die Kontrolle über deine Gedanken, denn sie lösen deine Gefühle aus, und diese liefern das, was passiert in deinem Leben.

Kurze Zusammenfassung:

- Tu, was du am liebsten tust, dann operierst du auf der richtigen Frequenz.

- Kontrolliere deine Gedanken, denn sie beeinflussen deine Gefühle.

- Deine Gefühle sind wie ein Magnet und bilden die Basis für das Gesetz der Anziehung.

Wer das kapiert, kapiert das Leben und kann anfangen, die Kontrolle zu übernehmen. Das Leben ist ein Wunschkonzert, und ich erkläre dir, wie das Instrument sich spielen lässt.

Du liest, was ich schreibe – das ist die Theorie.

Du musst meine Worte nun in die Tat umsetzen – das ist die Praxis.

Noch niemand hat ein Instrument gelernt, in dem er in einem Buch gelesen hat, wie es funktioniert.

TUN – das ist der Schlüssel!

Das Tun unterscheidet den Zuschauer vom Teilnehmer. Willst du anderen zuschauen, wie sie ihr Leben leben, oder willst du Teilnehmer an deinem eigenen Wunschkonzert sein?

*

Zurück zu meinem Bekannten, der mir von diesem Gerät für Lifting und Fett-Reduktion erzählte – oder besser von der Firma, die das Gerät herstellt. Eine Firma also, die sich spezialisiert hatte auf Geräte, die einen schöner machten. Das hörte sich gut an!

Und das fühlte sich gut an! Ich versuchte es mit einem Test-Gerät und war begeistert von den Ergebnissen. Ich lud einige Freunde und Bekannte ein, es ebenfalls zu versuchen, und ehe ich mich versah, hatte ich einen kleinen Spa bei mir zu Hause, in dem unsere ersten Kunden ein- und ausgingen. Es sprach sich schnell herum, und immer mehr Leute wollten zu uns kommen, um sich verschönern zu lassen.

Meine damalige Freundin war fast Tag und Nacht beschäftigt, so gut kam das Gerät an. Das war großartig. Ich war begeistert.

Ich spürte, da war mehr drin, trotzdem wollte ich nicht das Risiko eingehen und für zig Tausend Euro einen Spa in München anmieten. Da musste es doch günstigere Möglichkeiten geben, dachte ich.

Alles, was ich brauchte, war ein strategisch günstiger Raum, von möglichst vielen Kunden erreichbar, zu einem günstigen Preis. In München eigentlich ein Ding der Unmöglichkeit, aber ich sah diesen Raum bereits bildlich vor mir.

Ich kreierte eine Affirmation: »Der perfekte Raum in perfekter Lage mit vielen Kunden – er wird mich finden!«

ICH SCHRIE MEINE AFFIRMATIONEN RAUS.

ICH FÜHLTE MEINEN TRAUM.

ICH GLAUBTE DARAN.

Ich stand voll im Saft, und da kam sie ... die Idee.

Sonnenstudios! Es gibt immer eine Kabine, die nicht läuft.

Ich machte mich auf den Weg durch alle Sonnenstudios in München.

Da war sie wieder, die Aktion nach der Idee! Wenn mich das Feuer packt, dann bin ich nicht mehr zu halten.

Ich war im Flow!

Ich besuchte die Studios einfach ohne Anmeldung und fragte nach dem Chef.

Ich fragte: Was macht deine schlechteste Kabine im Monat an Profit?

Er sagte: Die Nummer 7 macht keine zweihundert Euro im Monat, da ist nur ein alter Gesichtsbräuner drin, den will keiner benutzen.

Ich antwortete: Zukünftig macht die Nummer 7 mindestens dreihundert Euro im Monat, und du hast keine Kosten.

Er war verdutzt: Wie bitte?

Ich sagte: Ich miete die Kabine und mache meine Behandlungen dort, und wenn ich neue Kunden anziehe, dann empfehle ich dich weiter. Wenn du mir Kunden schickst, dann kriegst obendrauf noch Prozente. Deal?

Die Idee war genial. Ich hatte für dreihundert Euro einen eigenen Standort in München, und das in einem Laden, in dem täglich fast zweihundert Kunden ein- und ausgingen. Ich sparte eine Menge Marketingkosten, da wir die potenziellen Kunden quasi direkt vor der Nase hatten und sie lediglich vom Nutzen unseres Gerätes noch überzeugen mussten.

Dies tat ich, indem ich eine Garantie anbot: Unsere Kunden zahlten nur, wenn nach der Behandlung beispielsweise auch wirklich mindestens ein Zentimeter Fett weg war. Somit hatte der Kunde kein Risiko – und wir unsere Chance.

Der Erfolg war yottamäßig, und so eröffnete ich nach kurzer Zeit den nächsten Mini-Spa im nächsten

Solarium. Ich erkannte schnell, dass das Konzept perfekt war. Allerdings wollte ich schneller wachsen und nicht ständig Türklinken putzen auf der Suche nach dem nächsten Standort.

Die nächste Idee musste her.

Und es funktionierte nach demselben Prinzip.

ICH SAH ES.

ICH FÜHLTE ES.

ICH GLAUBTE DARAN.

Ich erreichte mein Ziel.

Egal, welches Ziel du hast, das System ist immer dasselbe. Wenn du es einmal kapiert hast, kannst du es wie einen magischen Zauberstab immer und immer wieder verwenden. Der Faktor Zeit spielt dabei keine Rolle. Mal geht es schneller, mal dauert es länger. Du machst einfach weiter und weiter, und die Lieferung wird irgendwann zugestellt werden.

So auch in meinem Fall. Ich hatte die Idee, mit einem Branchen-Primus zu kooperieren, so würde ich schneller wachsen und mein Konzept bundesweit anbieten können. Wie immer fragte ich mich durch, bis ich den richtigen Ansprechpartner gefunden hatte. Da bin ich wie ein Pitbull, ich beiße mich fest, bis ich mein Ziel erreicht habe.

Nach Monaten zäher Verhandlungen und nach unzähligen Präsentationen hatte ich den Richtigen gefunden. Ich bekam die Zusage! Das war der Durchbruch. Ich eröffnete zwei bis drei Standorte pro Woche und war mehr im Flieger und unterwegs als in meinem eigenen Bett. Mitarbeiter finden, Mitarbeiter trainieren, Standorte einrichten, kontrollieren, nachjustieren – ich war 18 Stunden pro Tag beschäftigt.

Aber ich tat, was ich liebte, und der Erfolg war extrem groß. Ich stand um 4.00 Uhr in der Früh auf, um pünktlich den Flieger zu erreichen, und kam nachts um 23.00 Uhr wieder nach Hause. So ging es die ganze Woche. Am Wochenende war ich mit strategischer Planung und Papierkram im Büro beschäftigt.

Das alles funktioniert nur unter drei Voraussetzungen:

1. Du tust etwas, das du wirklich liebst.

2. Du weißt, warum du es tust. Du hast ein Ziel – das ist dein persönliches Warum.

3. Du führst ein gesundes Leben und bist belastbar – kein Alkohol, keine Zigaretten, auch sonst keine Drogen.

Ich würde gern noch anfügen, dass du eine Partnerin brauchst, die dich unterstützt. Das hatte ich immer, allerdings war das Tempo für alle meine bisherigen Ex-Freundinnen einfach zu hoch. Daran arbeite ich bereits mit der entsprechenden Affirmation: Ich wünsche mir die passende Partnerin!

*

Es dauerte nicht lange, und ich konnte den Produktionsbetrieb kaufen. Damit war ich der Hersteller der Geräte, was mich in die Lage versetzte, weltweit zu agieren.

ICH HATTE ES GESCHAFFT.
DIE VERWIRKLICHUNG MEINES TRAUMS
WAR ZUM GREIFEN NAH.
CALIFORNIA, HERE I COME!

Das alles geschah, weil ich das Hamsterrad durchbrochen und meinen Traum wieder zum Leben erweckt hatte. Im Grunde war mein Erfolg zurückzuführen auf sechzig Sekunden, die über hopp oder top entschieden haben. Diese eine Minute, in der ich meinen Flug nach Kalifornien gebucht hatte, das war die entscheidende Minute gewesen.

Es war die Kreuzung gewesen, in der es nach rechts und nach links ging. Rechts war mein Traum. Links waren meine Bedenken: *Was sagt mein Chef? Die Idee ist verrückt! Ich kann das nicht jetzt machen, es ist Jahresendgeschäft!*

Ich wählte meinen Traum. Ein Risiko? Ja, sicherlich, aber wie sagt man so schön: *No risk, no fun*!

Ich traf die Entscheidung für meinen Traum und trat damit die Lawine los. Alles im Leben geschieht in einem einzigen Moment. Wir sagen immer: Es dauert Jahre, sich zu ändern. Bullshit! Es dauert keine Jahre.

Es geschieht in einem Moment. Jede Veränderung ist eine Entscheidung.

Man verliebt sich in einem Moment, man macht Schluss in einem Moment.

Man stirbt in einem Moment, man wird geboren in einem Moment.

Es ist der Moment, der alles verändern kann.

Es ist das JETZT!

Also fassen wir zusammen:

1. Fokussiere dich mit aller Energie auf das, was du willst.

2. Der Weg wird dich finden – sei mit allen Sinnen offen in alle Richtungen.

3. Wenn sich eine Tür auftut, geh hindurch, denn du weißt nie, wie lange sie offen steht.

4. Wenn die Türe verschlossen ist, tritt sie ein und gehe trotzdem hindurch.

5. Wenn keine Türe da ist, dann erschaffe eine. *Nothing can stop you*!

6. Du musst in den Flow kommen, auf die Welle, dann ist es wie beim Surfen, alles wird einfach und leicht.

7. Surfe auf der Welle des Lebens!

Ich arbeitete achtzig Stunden und mehr, Woche für Woche, und ich fragte mich, ob ich nicht noch mehr arbeiten müsste, um mehr zu verdienen. In dieser Zeit stolperte ich über ein Zitat des Subway-Gründers: »Arbeite die Hälfte und verdiene das Doppelte.« Es war der Moment, in dem ich realisierte, dass *work smart* tausendmal besser ist als *work hard*.

Dazu aber im nächsten Kapitel mehr.

Mein Plateau war durchbrochen. Ich war in der Lage, in die USA zu ziehen.

Ich war bereit, ein neues Leben in einem neuen Land zu beginnen.

Zweifel? Unsicherheiten?

Ja, klar. Dafür muss man wissen, dass die deutsche Sprache und Rhetorik eine meiner Stärken ist. Meine humanistische Schullaufbahn umfasste neun Jahre Latein und sechs Jahre Griechisch, allerdings spielte Englisch nie eine große Rolle für mich. Von Rhetorikkenntnissen konnte im Englischen keine Rede sein. Ich gab meine stärkste Waffe auf: Mein Talent, zu sprechen!

Du magst dich fragen, warum ich dann ausgerechnet in die USA auswandern wollte? Ganz einfach, es war mein Traum. Also war es nötig, den Sprung ins kalte Wasser zu wagen.

Man sagt immer: Du musst deine Komfortzone verlassen.

Dieser Spruch würde bedeuten, dass ich mich außerhalb einer gewissen Zone unwohl fühle.

Das mochte in Bezug auf meine USA-Pläne vielleicht zutreffen, aber das Gefühl des Aufbruchs und der Herausforderung waren viel stärker. Ich fühlte mich motiviert!

Im Grunde habe ich keine Komfortzone. Das ganze Universum ist meine Komfortzone. Ich würde erst dann aus meiner Komfortzone geraten, wenn ich nicht mehr meine Träume jagen würde. Ich bin geboren, um Fortschritte zu machen, und die macht man nun einmal auf neuem Terrain. Also rein ins Vergnügen!

Ich wollte nicht mit leeren Händen in die USA.

Ich wollte etwas im Gepäck haben, das die Millionen nur so sprudeln ließ.

Ich hatte gelesen, dass Whatsapp an Facebook verkauft wurde für fast 18 Milliarden Euro. Zu diesem Zeitpunkt hatte die Firma gerade mal zwanzig Mitarbeiter und keine großen Lager oder Produktionsstätten. Etwas anderes machte Whatsapp so wertvoll. Jemand hatte Jahre zuvor eine geniale Idee gehabt und diese umgesetzt.

Es war ein Weckruf für mich. Ich arbeite wie ein Verrückter, und jemand anderes macht Milliarden, lediglich mit einer Idee und deren Umsetzung.

Und wieder, wie so oft in meinem Leben, stellte ich mir die richtige Frage.

Eine Frage, die wieder einmal eine große Wirkung haben sollte:

Wo bitteschön ist meine Multi-Millionen-Dollar-Idee?

Ich hielt inne und dachte nach, aber es kam mir keine Idee.

Ich hatte keine Multi-Millionen-Dollar-Idee.

Ich war ja auch den ganzen Tag mit meiner Arbeit beschäftigt und hatte keine Zeit und Energie, um über Ideen nachzudenken. Ich war in einem Mini-Hamsterrad gefangen. Wieder einmal war ich in die Falle getappt, denn das Nachdenken war doch eigentlich eine Investition in meine Zukunft, und ich hätte immer Zeit dafür haben sollen.

Merke:

OFT SIND WIR SO BESCHÄFTIGT MIT UNSEREM ALLTAG, DASS WIR KEINE ZEIT UND KEINE KRAFT HABEN, UM NACHZUDENKEN UND KREATIV ZU SEIN. ABER GENAU DAS SIND DIE MOMENTE, IN DENEN UNS DIE EINE, ENTSCHEIDENDE IDEE KOMMEN KÖNNTE. ES GIBT KEIN LOHNENDERES INVESTMENT, ALS SICH DIE ZEIT ZU GÖNNEN, UM FOKUSSIERT NACHZUDENKEN.

Investiere täglich Zeit, um deinen kreativen Geist zu trainieren. Denke nach!

Das ist auch der Grund, warum Napoleon Hill sein Buch *Denke nach und werde reich* nannte und nicht: *Arbeite hart und werde reich*.

Alles, was man braucht, ist eine sehr gute Idee, und ich glaubte, ich könnte diese Idee haben.

Ich kreierte also eine passende Affirmation.

Ich glaubte fest daran, dass mir die Idee kommen würde, und daher beschloss ich, sie zu erzwingen.

Die geniale Idee würde kommen!

Ich versprach mir selbst, dass ich an den nächsten zweihundert Tagen jeden Tag fünf Business-Ideen niederschreiben würde. Bei tausend Ideen würde dann wohl schon die passende dabei sein …

Das Gesetz der Masse! Auf jeden Fall war es einen Versuch wert.

Es war leichter gesagt als getan. Die ersten Tage waren einfach, ich sprudelte nur so vor Kreativität. Aber nach etwa fünfzig Ideen musste ich mein Hirn ziemlich quälen, um weiter voranzukommen. Ich zermarterte mir teilweise zwei Stunden den Kopf. Manchmal war es zum Verzweifeln, aber ich hatte es mir schließlich selbst versprochen.

Breche niemals ein Versprechen, das du dir selbst gegeben hast.

Du musst dir selbst vertrauen können.

Das ist die Basis deines Selbstvertrauens!

## WAS IST SELBSTVERTRAUEN?

Die Fähigkeit, sich selbst zu vertrauen. Das heißt, dass du niemals ein Versprechen brichst, das du dir selbst gegeben hast! Niemals!

Wenn du jedes Versprechen gegenüber dir selbst einhältst, dann lernst du, dass du dir selbst vertrauen kannst.

Du willst mehr Selbstvertrauen?

1. Starte mit kleinen Versprechen, wie zum Beispiel: Eine Woche nur Treppen zu steigen und niemals den Aufzug zu nehmen.

2. Halte dein Vorhaben ohne Ausnahme durch.

3. Nachdem du es geschafft hast, stell dich vor einen Spiegel und sage dir: Ich bin stolz auf dich!

4. Mach dir ein etwas größeres Versprechen, etwa zwei Wochen keine Kohlenhydrate zu essen.

5. Wenn du es brichst, musst du wieder bei Punkt 1 anfangen, sei dir dessen bewusst.

6. Wenn du dein zweites Ziel erreichst, dann setze dir neue Ziele und lerne stetig, dir selbst zu vertrauen. Denn du weißt, du hältst ein, was du dir versprichst!

7. Mache keine Versprechen, bei deren Umsetzung du von anderen abhängig bist, denn es soll nur dich geben – keine Ausreden!

STAY FOCUSED.

Mit diesen Schritten entwickelst du Schritt für Schritt ein gesundes Selbstvertrauen.

Genieße dieses wunderbare Gefühl, sei stolz auf dich, aber werde nicht arrogant gegenüber anderen.

In schwierigen Situationen zeigt sich, aus welchem Holz du geschnitzt bist. Neue Herausforderungen bieten dir die beste Gelegenheit, daran zu wachsen.

Wenn du also in der Scheiße steckst, dann sei dankbar, denn jetzt kannst du zeigen, ob du die Stärke hast, dich da rauszuziehen. Viele Menschen beklagen sich über eine Situation, anstatt sie als Chance zu sehen und sich ihrer Stärke bewusst zu werden.

## WAS IST SELBSTBEWUSSTSEIN?

Man wird sich seiner Stärke dann bewusst, wenn man sie wirklich braucht – und das ist meist in herausfordernden Lebenssituationen. Derartige Situationen machen uns stärker. Ich nenne sie das Gym für die Seele.

Und wenn du nicht stark genug bist oder dich nicht stark genug fühlst, dann werde es. Stärke kommt von innen heraus.

Ein Beispiel: Wie wachsen meine Muskeln im Gym? Indem ich einfach aktiv bleibe. Ich bewege den schweren Widerstand, und mit der stetigen Wiederholung werde ich stärker und stärker.

So ist auch im Leben. Du musst aktiv bleiben. Du musst da durch. Und du wirst stärker werden. Du hast die unendliche Power in dir, lass sie endlich raus. Sie ist da! Entdecke sie! Nutze sie!

Ich bin durch so viele Höllen gegangen, ich weiß, dass ich mir selbst vertrauen kann, und ich bin mir meiner Stärken bewusst geworden. Genau deswegen strotze ich vor Selbstvertrauen und Selbstbewusstsein.

All das habe ich mir nicht in den Hochs erschaffen, das haben die Tiefs aus mir gemacht.

Fassen wir kurz zusammen:

1. Jedes Tief in deinem Leben ist eine Chance, zu wachsen.

2. Herausforderungen sind das Gym für deinen Charakter und deine Seele.

3. Werde dir deiner Stärke bewusst.

4. Bist du nicht stark genug, dann werde es in genau diesem Moment.

Selbstvertrauen und Selbstbewusstsein sind beides Faktoren, die ganz allein du beeinflussen kannst und niemand sonst. Bitte lese dir diesen Satz nochmals durch und verinnerliche ihn, denn in 99 Prozent der Fälle lassen sich Menschen in ihrem Selbstvertrauen und Selbstbewusstsein von anderen extrem beeinflussen.

Du hast nun gelernt, wie du als King oder als Queen das Zepter in die Hand nehmen kannst. Nutze dieses Wissen, denn in deinem Reich, in deinem Leben regierst du, niemand anderes!

*

Zurück zu meinen tausend Ideen. Ich habe durchgehalten und hatte nach zweihundert Tagen einen unglaublichen Schatz in Händen. Nun galt es, die richtige Idee zu finden.

Es gibt zwei Möglichkeiten, wie du reich werden kannst:

1. LÖSE EIN PROBLEM IM WERT VON MILLIONEN.

2. LÖSE EIN PROBLEM VON MILLIONEN.

Ich stellte zunächst ein Team an Beratern zusammen. Natürlich spreche ich nicht von ein paar überbezahlten Consultants, die mir eine Rechnung von tausend Euro stellen und mir dann sagen, dass ich nun tausend Euro weniger besitze.

Mein Team bestand aus meinem Opa, einem guten Freund und drei weiteren Bekannten. Wir haben uns durch alle Ideen gearbeitet und dabei die oben genannten Punkte im Auge behalten.

Wie können wir ein Problem von Millionen von Menschen lösen?

Das war noch recht dünn, also füge ich zwei weitere Zutaten hinzu, wie man reich wird:

1. Du musst lieben, was du tust.

2. Es muss eine passende Lücke am Markt geben.

3. Das Projekt muss in unsere Zeit passen.

4. Okay, da hatte ich schon mal fünf Kriterien:

Was liebte ich? Definitiv meinen Opa!

Wo lag sein Problem?

Wo lag mein Problem?

War das ein Problem von Millionen?

Nach vier Wochen hatten wir die Idee gefunden.

Unsere junge Generation nutzte Technologien wie Social Media, Fotosharing, überhaupt die Angebote im Internet.

Senioren wie mein Opa hatten damit große Probleme und konnte am unglaublichen Nutzen dieser Technologie nicht partizipieren. Diese Generation war einfach vergessen worden. Während wir uns immer weiter mit der Welt vernetzten und auf Facebook neue Freunde auf der ganzen Welt sammelten, vereinsamten unsere Senioren mehr und mehr.

Das war die Idee! Da war sie! Mit meinem neuen Mindset, den Affirmationen und viel, viel Arbeit hatte ich die Multi-Millionen-Dollar-Idee entwickelt.

Noch heute arbeite ich mit meinem Team an diesem Projekt, und es ist eines meiner großen Ziele, es wirklich umzusetzen und alle Senioren und Generationen mit Hilfe der Technologie zu verbinden. Und ich werde nicht aufgeben, bis es mir gelungen ist. Auch wenn mein über alles geliebter Opa den Erfolg nicht mehr erleben kann, so widme ich meine ganze Energie in seinem Namen dem Wohl aller Senioren und deren Kinder und Enkel. Ich habe noch einen weiten Weg vor mir, aber wie so oft in meinem Leben wachse ich an meiner Aufgabe und gebe nicht auf, bis mein Ziel erreicht ist.

Ich sehe es. Ich fühle es. Ich bin diese Aufgabe.

Wie du siehst, ist es möglich, ein Money Magnet zu sein und die richtige Idee in dein Leben zu ziehen. Aber es kostet Zeit und Energie. Es muss das Wichtigste in deinem Leben sein, diese Zeit und Energie zu investieren. Denn genau diese Priorität ist das beste Investment.

Oft sind wir durch unseren Alltag so abgelenkt, dass wir kaum die Muße finden, um kreativ zu sein. Wie ich bereits gesagt habe: *Work smart, not hard* – aber dazu im nächsten Kapitel mehr.

Die Reise geht weiter – es gibt noch viel zu lernen ...

LEBE
EIN LEBEN
DER
UNBEGRENZTEN
MÖGLICHKEITEN.

SEAL OF THE PRESIDENT OF YOTTA LIFE

KAPITEL 5

# Yotta Life goes USA
## Mein Leben der unbegrenzten Möglichkeiten

Alles oder nichts, das war die Devise. Denn eines war für mich klar: Wenn ich in die USA gehe, werde ich nicht nach ein paar Monaten wieder zurück sein, weil irgendetwas nicht geklappt hat.

Ich ging in ein Land, in dem ich zwei Mal im Urlaub gewesen war und in dem ich niemanden kannte, außer meinem Immobilienmakler und einen Berater, der mir mit dem Visa geholfen hatte.

Drei Wochen vor dem Umzug wurde meine böse Stimme auf einmal wieder laut: *Du hast dir das doch gar nicht verdient! Erst obdachlos, und jetzt Hollywood? Wie soll das denn gehen?*

Die negative Stimme war laut und penetrant.

**NICHT HIER** | **NICHT JETZT** | **NICHT DU**

Ich hatte zwei große Feinde zu bekämpfen, die vermutlich viele von euch kennen:

1. Das Gefühl, etwas nicht zu verdienen oder es nicht wert zu sein.

2. Die eigene Vergangenheit.

Beiden Punkten werde ich mich nun mit aller Hingabe widmen, damit ihr diese Feinde genauso in die Flucht schlagen könnt, wie ich es getan habe und heute noch tue. Es sei allerdings angemerkt, dass du diese Feinde nicht töten kannst. Du kannst sie lediglich in die Flucht schlagen, immer wieder, und sie werden immer wieder zu dir zurückkommen.

Du musst stetig bereit und konzentriert sein, um sie zu erkennen und zu bekämpfen. Diese beiden Feinde kommen gern überraschend und mit Hinterlist. Die bösen Gedanken, die uns immer wieder in die Vergangenheit zurückziehen und uns erzählen wollen, dass wir etwas nicht verdienen. In der Vergangenheit ist es oft dunkel, und es gibt dort definitiv keinen Fortschritt.

Meine Vergangenheit liefert mir Bilder, die meinen Energielevel sofort reduzieren. Bilder davon, wie ich in meinem Müllsack schlafe, weil es saukalt auf der Straße ist. Oder von meinem Vater, der mich mit Verachtung straft.

*Die Pleite meines Lebens! Mein Versagen!*

All diese Bilder sind negative Soldaten, die durch das offene Tor meines Geistes einmarschieren.

Und jetzt sollte ich nach Hollywood gehen? Die Stimme in meinem Kopf war laut und penetrant. *Du hast das gar nicht verdient!*

Hier eine weitere entscheidende Frage: Muss man sich etwas verdienen?

Das ist doch das, was uns beigebracht wird in Erziehung, Schule und Beruf, oder?

Aber: Hast du es dir denn verdient, geboren zu werden? Warst du ein so braver Samen oder ein so liebes Ei?

Klingt nach Unsinn, oder? Das Leben wurde uns geschenkt!

Sich etwas verdienen müssen – das ist eine Formulierung, die von Menschen erfunden wurde, um andere Menschen zu kontrollieren.

Die Kirche sagte früher: Spende ein Zehntel deines Geldes, und du verdienst dir das Himmelreich.

Der Boss sagt: Mache dies und mache das, und du verdienst dir einen Bonus.

Und das Credo meines Vaters schien immer: Du musst dir meine Liebe verdienen.

Und nun aufgepasst, damit es auch jeder versteht: Das Leben ist ein Geschenk.

Das Universum oder der liebe Gott, oder wie ihr es in eurem Glauben auch nennen wollt, macht uns täglich Geschenke, und das alles ohne Gegenleistung.

Man nennt das Liebe. Bedingungslose Liebe.

Das Leben liebt dich.

Gott liebt dich.

Das Universum liebt dich.
Das ist der Grund, warum du lebst.
Du musst dir rein gar nichts verdienen.
Ist das nicht wunderbar? Ja, das ist es. *Cheers to that!*
Kurze Zusammenfassung:

1. Du musst dir nichts verdienen.
2. Das Leben ist ein Geschenk.
3. Jeder Tag ist ein Geschenk.
4. Deine Fähigkeiten sind Geschenke.
5. Erkenne und nutze diese Geschenke.
6. Sei es dir wert und mache das Beste daraus.
7. Fühle dich gut.

*

Ich hasse es, wenn der Volksmund sagt: Das hast du dir verdient.

Man muss nicht einmal ein guter Mensch sein, um etwas zu bekommen.

Ich kenne die größten Arschlöcher mit Millionen auf dem Konto und dazu einer großartigen Ehefrau, und die sind auch noch glücklich!

LIFE IS

A GIFT.

TAKE IT.

Verdient haben sie es nicht – also muss der Schlüssel ein anderer sein.

Wenn ich mir das Glück nicht verdienen muss, was zum Teufel muss man dann tun?

Warum bekommen manche so viel und manche gar nichts?

Die Antwort ist:

**ASK** **BELIEVE** **RECEIVE.**

**FORDERE ES** **GLAUBE DARAN** **ERHALTE ES.**

Schon die Forderung eines Wunsches scheitert, wenn du denkst, du verdienst es nicht oder du bist es nicht wert.

Freunde, das ist der Punkt, an dem 98 Prozent von euch scheitern.

Das ist die eine Sache, die euch blockiert.

Du stehst vor dem Buffet des Lebens und musst nur zugreifen, und dann drehst du dich weg und sagst: Ach, ich verdiene das doch gar nicht.

Das ist zum Haare raufen, und meine Haare sind mir heilig.

Fordere ein, was du haben möchtest!

Und zwar mit derselben Vehemenz, mit der ich meinen USA-Traum eingefordert habe!

Nicht: Ich würde ja so gern in den USA wohnen.

Nicht: Ich will in den USA wohnen.

Sondern: Ich *muss* in den USA wohnen, und ich *werde* in den USA wohnen. Punkt!

Genau das ist der kleine, aber feine Unterschied. Ihr alle backt so schön euren Kuchen, schiebt ihn in den Ofen, und nichts passiert. Ihr wartet und wartet und seid enttäuscht. Alles richtig gemacht, aber …

Schaltet die Hitze ein!

Und mit Hitze meine ich in diesem Beispiel die Power und Energie des »Ich muss« und »Ich werde«.

| | | |
|---|---|---|
| **ASK** | **BELIEVE** | **RECEIVE.** |
| **FRAGE DANACH** | **GLAUBE DARAN** | **ERHALTE ES.** |

Wieder einmal sind wir beim Glauben angekommen, und wie bereits ausführlich erklärt, helfen dir die Affirmationen, an deine Träume zu glauben.

Du musst in einer solchen Intensität daran glauben, dass sich das, was du erreichen willst, jetzt schon real anfühlt, und das gelingt dir, indem du dir deinen Traum in möglichst vielen Details und möglichst oft vorstellst und mit kurzen Affirmationen bestärkst.

Alles Weitere ist einfach. Zurücklehnen, entspannen und auf die Lieferung warten.

Das ist alles.

Nun höre ich den Aufschrei des Volkes: Ja, aber ich muss doch auch etwas dafür tun! Hart arbeiten, mich unermüdlich abstrampeln, all das!

| | | |
|---|---|---|
| ASK | BELIEVE | RECEIVE. |
| FRAGE DANACH | GLAUBE DARAN | ERHALTE ES. |

Steht da irgendwas von harter Arbeit?

In der Tat geht es allerdings um ein heißes Thema, dem ich mich sehr gern widme. Viele denken, sie müssten hart arbeiten, um sich den Erfolg zu verdienen. Wir hören das ja täglich: Ohne Fleiß kein Preis!

Harte Arbeit wird jedoch in 99 Prozent der Fälle falsch interpretiert. Harte Arbeit wird immer wieder als »viel arbeiten« ausgelegt, das heißt: Man soll Stunden über Stunden arbeiten.

Das ist falsch. Absolut falsch!

Wenn du nach Stunden bezahlt wirst, dann begrenzt du dein Potenzial. Auch der beste Mitarbeiter wird nie mehr als 24 Stunden pro Tag arbeiten können.

Du solltest nie nach Stunden bezahlt werden!

Ja aber, nach was denn dann?

Am besten wirst du nach dem Wert bezahlt, den du einer Sache hinzufügst. Dieses Plus ist der Wert deiner Arbeit, und nicht die Anzahl der Stunden, die du dafür aufwendest.

Ein Beispiel: Im Sommer 2017 drehten wir *Adam sucht Eva* auf einer Insel. Wir haben etwa vier Wochen gearbeitet. Ich war als Promi dort, aber es waren auch normale, sprich nicht-prominente Teilnehmer da. Alle waren auf derselben Insel und haben quasi dasselbe gemacht für exakt dieselbe Zeit von vier Wochen.

Es gab nur einen Unterschied: Ich habe pro Stunde das verdient, was die anderen pro Woche bekommen haben.

Klingt unglaublich unfair, oder?

Ist es aber nicht, denn wir wurden nach »Wert« bezahlt und nicht nach Stunden.

Mein Name in der TV-Show sorgt dafür, dass Millionen von Menschen einschalten. Und wenn Millionen von Menschen einschalten, kann der Sender die Werbezeit für einen weitaus höheren Betrag verkaufen, als wenn nur ein paar Hunderttausend einschalten würden. Den Normalo kennt niemand, sein Name hat keinen Einfluss auf die Einschaltquote und die Einnahmen des Senders. Mein Wert war für den Sender also deutlich höher.

Selbstverständlich spreche ich hier nicht vom menschlichen Wert, ich spreche vom Wert der Show-Teilnehmer für die Produktion.

Und hier sind wir beim Punkt: Was immer du tust, du musst einen Mehrwert schaffen, und danach wirst du bezahlt.

Das ist deine Chance, um Millionen zu machen. Du musst einen entsprechenden Mehrwert schaffen oder ein Problem im Wert von Millionen oder für Millionen lösen. Und insofern solltest du nicht hart arbeiten, sondern smart arbeiten, denn dann kannst du auch mit wenig Zeitaufwand ein beträchtliches Einkommen erzielen.

Ich arbeite nur wenige Stunden pro Tag, aber ich arbeite jeden einzelnen Moment an meinem Mindset, das ich immer auf der richtigen Frequenz halten will.

Wenn du glaubst, für deinen Erfolg unzählige Stunden rackern zu müssen, dann mach das. Alles, woran du fest glaubst, ist richtig. Ich will dir in diesem Kapitel jedoch aufzeigen, dass es auch einfacher und effektiver geht, sodass du neben der Arbeit noch genug Zeit für Familie, Hobby und sonstige Leidenschaften hast.

Also ändere deinen Glauben! Du hast bereits gelernt, wie das geht.

Das Leben basiert auf dem Gesetz der Anziehung.

**FRAGE DANACH** → **GLAUBE DARAN** → **ERHALTE ES.**

Kurze Zusammenfassung:

1. Du wirst nach dem Wert bezahlt, welchen du zur Gesellschaft hinzufügst.

2. Je seltener die Sache ist, die du einbringst, desto höher ist ihr Wert – so funktioniert das Prinzip von Angebot und Nachfrage.

3. Arbeite smart, nicht hart – aber denke nach, jeden einzelnen Tag.

4. *Ask – believe – receive.*

5. Das Gesetz der Anziehung ist kein Glaube, es ist ein Gesetz. Nutze es!

6. Erkenne, dass du alles im Leben haben kannst, ohne es »verdienen« zu müssen.

*

Nun müssen wir uns noch der Vergangenheit widmen, in der leider mehr Menschen leben als im Jetzt. Ist das nicht verrückt? Wir leben heute, an genau diesem Tag, und dennoch sind viele von uns gefangen von vergangenen Ereignissen.

Wenn ich mich auf meine Vergangenheit konzentrieren würde, auf alle Schläge und Narben, die mir das Leben zugefügt hat, auf das Leben auf der Straße, auf jeden Scheiß, den ich gebaut habe, dann würde ich auf einem sehr, sehr niedrigen Energielevel leben.

Das würde dazu führen, dass ich weniger bis gar nichts erreiche, da ich permanent von negativen Gedanken und Erinnerungen abgelenkt wäre. Das macht keinen Sinn, und das Leben soll schließlich Sinn machen!

Deswegen schreibt euch meinen Lieblingssatz auf:

ALLES, WAS LÄNGER HER IST ALS DREI MINUTEN, INTERESSIERT MICH NICHT MEHR.

Es ist vergangen – tschüss, ciao, aus und vorbei!

Das mag auf den ersten Blick komisch klingen, aber es macht zum Beispiel Sinn, wenn wir an eine Autofahrt denken. Wenn du beim Autofahren die ganze Zeit in den Rückspiegel schaust, dann konzentrierst du dich nicht auf den Weg vor dir, nicht darauf, wohin du eigentlich willst. Das führt dazu, dass du mit großer Sicherheit vom Weg abkommst oder einen Unfall baust.

Ich schaue, wo ich hinwill, und blicke nicht zurück, wo ich war.

Wenn ich mich ständig auf das konzentriere, was gewesen ist, bewege ich mich zurück und nicht vorwärts.

Was soll man nun mit der Vergangenheit machen?

Lerne deine Lektion, dann schließe das Kapitel und mache weiter.

Jeder Fehler aus der Vergangenheit sollte einen Lernprozess anstoßen. Das erste Mal, dass dir ein Missgeschick passiert, ist es ein Fehler, und sonst nichts. Du wusstest ja nicht, dass du einen Fehler machst. Aber das zweite Mal ist es eine Entscheidung, weil du ja bereits weißt, dass es ein Fehler ist.

Nur Honks machen denselben Fehler immer und immer wieder, weil sie zu blöd sind, etwas daraus zu lernen.

Daher möchte ich meinen Lieblingssatz erweitern:

ALLES WAS, LÄNGER HER IST ALS DREI MINUTEN, INTERESSIERT MICH NICHT MEHR, WEIL ICH ETWAS DARAUS GELERNT HABE UND MEINEN BLICK NACH VORN RICHTE, UM DIE SACHE IN ZUKUNFT BESSER ZU MACHEN.

Auch wenn es um einen passiven Fehler geht, so lerne ich meine Lektion.

Ein Beispiel: Bei mir wurde eingebrochen, 50.000 Dollar wurden gestohlen. Da kann doch ich nichts dafür, oder? Doch, ich war schuld! Ich habe den Einbruch durch meine Emotionen, durch meine Angst angezogen, und das Universum hat geliefert.

Ich habe den Fehler nach dem Einbruch erkannt und meine Gedanken entsprechend geändert. Ich bin nicht perfekt, aber ich betreibe eine ausgeprägte Selbstanalyse, sodass ich aus jedem Ereignis etwas lernen kann. Das sollte auch das Ziel eines jeden Tages sein. Dazu mehr im Kapitel »Der Sinn des Lebens«.

*

Zurück zu meinem USA-Umzug.

Ich musste mir den Umzug nicht verdienen, ich würde den Umzug machen, weil ich es wollte.

Ich hatte auf der Straße gelebt. Wen interessierte das? Ich hatte meine Lektion gelernt, und jetzt wartete das nächste Level.

> ALLES, WAS LÄNGER HER IST ALS DREI MINUTEN, INTERESSIERT MICH NICHT MEHR.

Ich hatte meine beiden Feinde bekämpft.

Und dann war er endlich da, der große Tag des Umzuges! Ich war unglaublich aufgeregt, denn ich wusste, es begann ein neues Leben, und Amerika hatte auf mich gewartet.

Der Flug lief problemlos. Es fühlte sich einfach wunderbar an, zu wissen, dass ich dieses so große und geile Ziel erreicht hatte. Es war einer der magischsten Momente in meinem Leben, denn ich war einen sehr weiten Weg gekommen. Ich hatte gegen unzählige Hindernisse angekämpft und nie den Glauben daran aufgegeben, dass ich es schaffen kann. Ich hatte mir damals auf dem Hochhaus, als ich an der Kreuzung von Leben und Tod stand, ein Versprechen gegeben, und ich hatte es gehalten.

Ich hatte mir versprochen, alles zu geben, und alles zu geben, war genug gewesen. Ich hatte es geschafft.

Alles ist möglich. Dieses Buch und meine Person sind der Beweis. Ich bin nichts Besonderes. Ich habe lediglich eine Entscheidung getroffen und mich auf den Weg gemacht. Und du kannst das auch! Ich wünschte, ich hätte die Yotta-Bibel damals in den Händen gehalten. Du tust es. Nutze die Chance!

Gleich am ersten Tag waren wir, meine damalige Partnerin Maria und ich, auf eine große Party eingeladen. Ein Kontakt, der im Urlaub davor entstanden war, hatte uns zu einem Empfang eingeladen. Herausgeputzt und hoch motiviert erreichten wir die Villa. Ich war bereit, meinen Einzug in Hollywood zu halten.

An der Tür des großen Anwesens in Beverly Hills empfing uns die Security und fragte nach dem Namen.

»Yotta«, sagte ich voller Stolz.

»Sorry, du stehst nicht auf der Liste«, war die ernüchternde Antwort.

»Moment, das ist sicher ein Fehler, ich ruf den Gastgeber gleich mal an«, sagte ich und wählte seine Nummer.

»Hallo?«

»Hallo, hier ist Yotta, wir stehen hier vor der Tür …«

»Wer?«

»Yotta!«

»Kenne ich nicht!«

Und damit hatte der Gastgeber aufgelegt.

Es war wie eine Watsche ins Gesicht. Was für ein Arschloch, dachte ich.

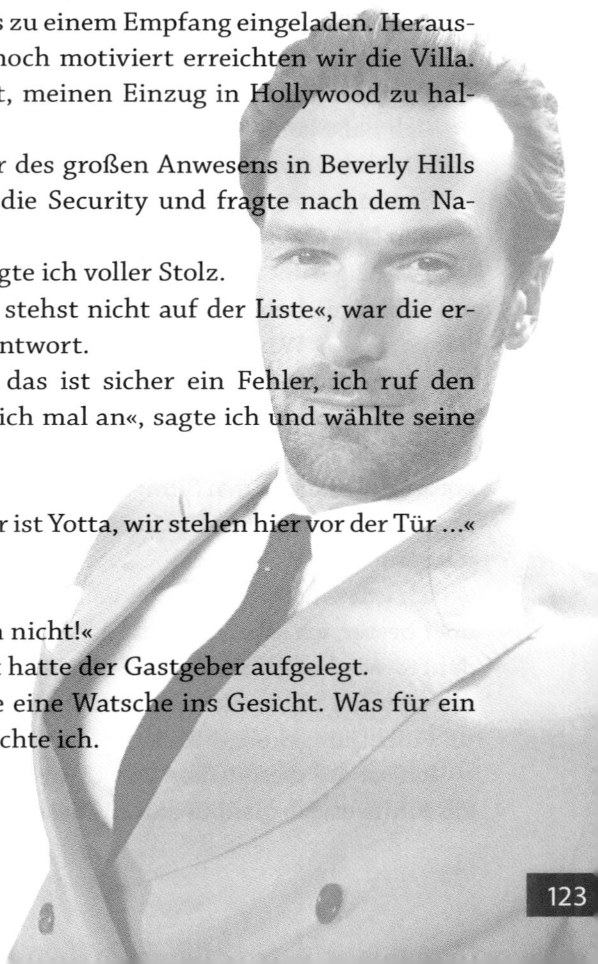

Liga zu groß sein würde. Aber ich bin wieder aufgestanden und habe mein Schicksal selbst in die Hand genommen.

Oft entstehen aus solchen misslichen Situationen die größten Erfolge. Ich denke da an Mark Zuckerberg, den niemand als Freund haben wollte, und deshalb beschloss er, eine Plattform zu gründen, auf der er online Freunde finden könnte. Der Rest ist Geschichte.

Also, wann immer du in die Knie gehst – hole Schwung für den Sprung nach oben!

Ich erinnere mich an dieser Stelle mit einem Lächeln an das Gespräch mit meinem Freund in München, der mir sagte: »Bastian, da in Hollywood, das sind ganz andere Kaliber, da kannst du machen, was du willst, da wird dich niemand zur Kenntnis nehmen!«

Er hatte recht, allerdings nur was den ersten Tag nach meiner Ankunft betraf. Wie gut, dass ich ihm nicht geglaubt habe.

Und was nur meine Gäste wissen: Zu jeder Party waren eine Menge Obdachlose eingeladen. Ich habe eine Spendengala organisiert. Den meisten von ihnen habe ich einen Job und eine Wohnung verschafft, und sie sind weg von der Straße.

Denn Partykönig hin oder her, die Straße hat mich verändert, und ich bin der gute Mensch geworden, der ich immer sein wollte. Von den Medien bleibt das komplett unbeachtet, denn der Protzproll verkauft sich besser als der karitative Held. Der Mob fragt nach einfacher Kost, über die er sich aufregen kann, und der Mediensklave liefert.

Erst hat es mich verletzt, dass die Berichterstattung über mich so extrem einseitig war. Aber inzwischen bin ich auch daran gewachsen. Nach drei Jahren sind mir die Medien fast egal – und an den letzten zwei Prozent zu »völlig egal« arbeite ich noch.

Das Einzige, was wirklich zählt, ist, dass du dir selbst treu bleibst. Nur du weißt, wer du wirklich bist. Die anderen können dich nur auf Basis ihres Filters sehen, und wir wissen ja, dass nur zwei Prozent ins Bewusstsein kommen und 98 Prozent geblockt werden.

Fassen wir noch einmal zusammen:

1. Auch wenn der Start total danebengeht, du kannst dein Schicksal jederzeit drehen.

2. Gehe nur in die Knie, um Schwung zu holen für den Sprung nach oben.

3. Oft setzt eine Niederlage die beste Motivation frei, also sei dankbar und nutze die Chance.

4. Frage dich, was du stattdessen willst.

5. Sehe es.

6. Fühle es.

Glaube daran.

Es ist immer und immer wieder dasselbe Prinzip.

In meinem Leben spielt Geld eine zentrale Rolle, aber es geht um weit mehr als nur »Geld«, daher erkläre ich dir, was ich unter »Yotta Life« verstehe.

Wohlgemerkt, der Begriff an sich bedeutet, dass du versuchst, das höchste Level in deinem Leben zu erreichen. Wie auch immer du das definieren willst, überlasse ich dir, aber *the sky is the limit* – und nicht mal der!

*

Im Yotta Life gibt es fünf Bereiche, in denen ich täglich Fortschritte zu machen versuche.

1. *Wealth* – Reichtum
2. *Health* – Gesundheit
3. *Happiness* – Glück
4. *Love* – Liebe
5. *Beauty* – Schönheit

Jeder Bereich würde eigentlich ein eigenes Buch verdienen, und vielleicht schreibe ich diese fünf Bücher noch. Aber nehmen wir die Bereiche zunächst einmal in diesem Kapitel unter die Lupe.

## #1 REICHTUM – DAS LIEBE GELD

Geld ist die Wurzel allen Übels, das sagen die, die keines haben.

Ich sage: Der Mangel an Geld ist die Wurzel allen Übels.

Denn wenn die Leute stehlen und krumme Sachen machen, dann meist, weil sie zu wenig Geld haben.

Für mich ist Geld die spirituellste Sache der Welt.

Dieser Satz provoziert, aber ich erläutere gern, was ich meine.

Geld ist ein universales Tauschmittel, du kannst es in nahezu alles tauschen, was du willst. In was du es eintauscht, hängt nicht vom Geld ab, sondern von deiner Persönlichkeit.

Luxus – du willst Highlife, dazu brauchst du Geld.

Gesundheit – gesunde Ernährung, alternative Heilmethoden, feinste Küche, dazu brauchst du Geld.

Wissen – Bücher, Kurse, Kulturreisen, dazu brauchst du Geld.

Familie – Kinder, Schule, Universität dazu brauchst du Geld.

Und das Wichtigste: Geld kann Leben retten. Du kannst unzählige Charity-Aktionen unterstützen und das Leben von Menschen positiv verändern.

Ich höre immer wieder den Satz: Geld macht nicht glücklich.

Da könnte ich kotzen über diesen dummen Spruch, denn Armut macht erst recht nicht glücklich. Geh mal zu einem Kind in Afrika, das an Hunger leidet, und sage ihm: Geld macht nicht glücklich.

Ich unterstütze eine Charity in Afrika und weiß, wovon ich spreche.

Geld ist weder gut noch böse. Geld ist. Punkt.

Wenn du ohne Geld ein Arschloch bist, dann wirst du ein großes Arschloch sein mit Geld. Bist du ohne Geld ein guter Mensch, dann wirst du ein sehr guter sein mit Geld.

Geld ist wie eine Lupe, es ermöglicht dir, anders zu agieren, und deckt auf, wer du wirklich bist. Was du tust, hängt von deinem Charakter ab, und nicht von deinem Kontostand.

Wenn du allerdings denkst, dass Geld schlecht ist, dann wird es nie zu dir kommen. Sei ein Money Magnet, und sei ein guter Mensch, dann kannst du viel Spaß im Leben haben und viel Gutes bewirken!

## #2 GESUNDHEIT

ICH RAUCHE NICHT.
ICH TRINKE KEINEN ALKOHOL.
ICH NEHME KEINE DROGEN.
ICH NEHME KEINE STEROIDE.
HABE ICH NOCH NIE. WERDE ICH NIE.
RICHTIG GELESEN. NOCH NIE. 0,00 PROZENT.
ICH ERNÄHRE MICH BEWUSST UND GESUND.
ICH TRINKE VIEL WASSER, SEHR VIEL WASSER.
ICH BEWEGE MICH UND MACHE SPORT.

Wir haben nur diesen einen Körper, also sollten wir ihn hegen und pflegen. Genauso verhält sich der liebe Deutsche seinem Auto gegenüber, und davon gibt es unzählige Exemplare. Unseren Körper gibt es nur ein einziges Mal, also sollten wir ihn auf höchstem Level halten, was uns dann ermöglicht, auf einem hohen Energieniveau zu leben und zu handeln.

Ich möchte darauf hinweisen, dass die Gesundheit auch die geistige Gesundheit beinhaltet, daher füge ich hinzu:

ICH SCHAUE KEIN TV.
ICH LESE ODER HÖRE KEINE NACHRICHTEN.
ICH HÖRE KEINE MUSIK MIT NEGATIVEN TEXTEN.
ICH LESE VIEL.
ICH HÖRE MOTIVIERENDE AUDIOBÜCHER.
ICH SCHLAFE MINDESTENS SECHS STUNDEN PRO TAG.
ICH DENKE POSITIV.

Halte deinen Geist sauber und mülle ihn nicht zu.

Probiere alle genannten Verhaltensweisen für vier Wochen aus und horche dann in dich hinein, wie du dich fühlst. Ist der Unterschied deutlich spürbar, erübrigt sich jedes weitere Wort von mir.

*It´s up to you!*

Ich werde immer wieder gefragt, wie ich es schaffe, auf diesem hohen Energielevel zu operieren, ohne je auch nur ein Prozent an Schwung zu verlieren. Nun weißt du, wie. Auch dieses Buch schreibe ich nun seit sieben Stunden, ohne eine einzige Unterbrechung, und ich sitze noch immer hier und fühle mich voller Energie und frisch.

Deine Energie ist grenzenlos, wenn du dich liebevoll um deinen Geist und Körper kümmerst.

Viel Erfolg!

## #3 GLÜCK

Die Basis für unser Glück ist die Liebe – die Liebe zu uns selbst.

Glück ist ein Gefühl, das nur von innen kommen kann.

Wenn du dich selbst nicht liebst, kannst du nur schwer Glück empfinden, meistens sind Gefühle wie Neid und Missgunst dann vorherrschend.

Ich hatte eine Zeit, in der ich mich selbst nicht lieben konnte, weil es einfach zu viele Dinge gab, die ich an mir nicht mochte.

Aber weißt du was?

Man kann alles ändern!

Beginn mit der Analyse deiner Situation.

Schreibe eine Liste mit allen Dingen, die du an dir nicht magst. Dann nimm ein zweites Blatt und schreibe das Gegenteil auf von jedem dieser Punkte.

Zum Beispiel:
Ich bin zu dick. Ich bin in Form und fit.
Ich bringe Dinge nicht zu Ende.
Ich habe Durchhaltevermögen und bringe Dinge zu Ende.
Ich weiß nicht, was ich will. Ich weiß, was ich will.

Deine Liste sollte ehrlich sein und nichts beschönigen, denn nur so kannst du herausfinden, wie du mit dir selbst in Einklang kommen und dich neu in dich verlieben kannst.

Nach der Analyse beginnt die Umsetzung.

- Bring dich in Form.
- Mache etwas, das dir beweist, dass du durchhalten kannst.
- Finde heraus, was du willst.
- Kreiere deinen eigenen Hollywood-Movie, so wie wir es gelernt haben.

## EIN WEITERES TOOL ZUM GLÜCK IST DIE DANKBARKEIT

Egal, wie schlecht es dir geht, es gibt immer Dinge, für die du dankbar sein kannst.

Schreibe dir jeden Tag fünf Dinge auf, für die du dankbar bist.

Mache das am Abend vor dem Schlafen und am Morgen vor dem Aufstehen.

Das können große Sachen sein oder auch kleine:

Ich bin dankbar, weil … ich am Leben bin.

Ich bin dankbar, weil … ich sehen, hören, schmecken, riechen kann.

Ich bin dankbar, weil … ich gestern Abend so ein gutes Dinner hatte.

Es gibt tausend Gründe, um dankbar zu sein. Verwende immer die Formulierung: »Ich bin dankbar, weil …«

Auf diese Weise kannst du das Glück zu dir einzuladen. Versuche es!

## MACHE JEMANDEN GLÜCKLICH

Wenn du jeden Tag mindestens eine Person glücklich machst, dann wirst du selbst bald ein fettes Lächeln im Gesicht haben.

Auch hier können es kleine oder große Dinge sein:

- Schenke einer fremden Person ein Lächeln oder frage sie, wie es ihr geht.

- Sage deiner Mutter, deiner Oma oder deiner Schwester, dass du sie liebst!

- Schenke der Kassiererin im Supermarkt, der Dame an der Rezeption oder sonst jemanden, der nicht damit rechnet, einen kleinen Blumenstrauß.

- Geh ins Altenheim und schenke jemandem, der niemanden mehr hat, dreißig Minuten deiner Zeit.

- Sage Danke zu jemanden, dessen Dienst du bislang als selbstverständlich hingenommen hast. Geh zum Beispiel zum Mitarbeiter des Grünflächenamtes, den du gerade beim Blumenpflanzen siehst, und bedank dich dafür, dass er deine Stadt lebenswert aussehen lässt.

Es ist so schön, glaube mir.

## SORGE DICH NICHT – VERTRAUE UND GENIESSE

Viele Menschen leben in Angst und Sorge, was nach dem Gesetz der Anziehung kontraproduktiv ist, denn sie werden genau von dem noch mehr anziehen, worauf sie sich fokussieren.

Nutze das Gesetz der Anziehung zu deinem Vorteil. Visualisiere, was du willst. Fühle es. Stärke deinen Glauben mit stetigen Affirmationen, vertraue dem Gesetz der Anziehung. Lehne dich zurück, bis dein Wunsch in Erfüllung geht, öffne die Augen und erkenne, dass du im Jetzt bist. Lebe und genieße!

Das Leben findet genau jetzt statt. Über die Zukunft kannst du nachdenken, wenn sie da ist. Dein Wunsch ist abgesandt. Die Lieferung wird zugestellt werden.

*Don't worry – be happy*!, lehrt uns ein sehr bekannter Song von Bobby McFerrin. Ich kann dir dieses Lied empfehlen, der Text und die Musik werden dir helfen, es zu fühlen.

Kurze Anleitung zum Glücklichsein:

1. Liebe dich selbst.
2. Sei jeden Tag dankbar.
3. Mache eine Person pro Tag glücklich.
4. Sorge dich nicht, vertraue und genieße.

Ich könnte noch dreißig weitere Punkte hinzufügen, aber mit diesen Top 4 sollst du erst einmal starten. Du wirst schon sehr bald einen großen Unterschied spüren.

Kurze Erinnerung: Du musst dieses Buch leben und nicht nur lesen, dann wird sich dein Leben verändern.

## #4 LIEBE

Ich habe bereits ausführlich über die Selbstliebe geschrieben, deswegen ein paar Worte zur Liebe an sich.

Eine meiner täglichen Affirmationen lautet:

Ich liebe die Welt, und die Welt liebt mich.

Ich liebe das Leben, und das Leben liebt mich.

Und genau das ist es, worum es geht.

Deine Frequenz soll die Liebe sein. Das ist die einzige Emotion, die nicht künstlich erzeugt werden kann. Die Liebe ist die Magie und der Zauber des Lebens. Du hast ein unendliches Potenzial an Liebe in dir.

Wenn du auf der Frequenz der Liebe operierst, dann werden magische Dinge in deinem Leben passieren.

ICH LIEBE MICH.
ICH LIEBE DAS LEBEN.
ICH LIEBE DIE WELT.

Diese drei Sätze haben eine Power, die weit größer ist, als du dir vorstellen kannst. Wiederhole diese Affirmation so lange und so oft, bis sie zu deiner dauerhaften Frequenz geworden ist. Das ist einfach, du musst nur damit anfangen.

Viele Zweifler werfen schnell die Frage in den Raum, wie sie die Welt denn lieben sollen, wenn diese gerade im Chaos versinkt.

Ich antworte mit einem Lächeln:

1. In meinen zwei Prozent der Wahrnehmung ist die Welt gut und schön, weil ich daran glaube.

2. Wenn es bei dir nicht so ist, dann ist es höchste Zeit, dass du etwas daran änderst.

Die Welt ist nicht, was sie ist. Die Welt ist das, was wir wahrnehmen.

Und natürlich gibt es Krieg und Leid auf der Welt, aber du wirst daran nichts ändern, wenn du traurig und negativ agierst.

*Love is the answer*, wusste schon John Lennon, und dem schließe ich mich an.

Du kannst die Welt nicht ändern, aber du kannst dein Denken ändern. Je mehr Menschen das machen, desto stärker wird der Einfluss des positiven Denkens auf unserer Welt. Wir sollten sofort damit beginnen, denn das ist es, was wir tun können.

Mache es! Jetzt!

## #5 SCHÖNHEIT

Ich wurde nicht schön geboren, aber ich finde mich sehr schön.

Schönheit ist keine genetische Eigenschaft.

Schönheit ist eine Einstellung und ein Gefühl.

Schönheit bedeutet, das Beste aus sich zu machen und sich wohlzufühlen. Innen wie außen.

Schönheit liegt im Auge des Betrachters. Das Einzige, was zählt, ist, dass du dich schön findest.

Also tu etwas dafür. Pflege dich. Gönne dir Schönheit für Körper, Geist und Seele.

Ein neues Shirt, eine gute Gesichtsmaske, ein tolles Buch, ein Work-out, eine neue Frisur oder einfach ein ausgiebiges Bad mit Peeling. Was auch immer du benötigst, um dich schön zu fühlen, tu es. Tu es nicht, um anderen zu gefallen. Tu es für dich.

Es geht darum, dass du dich wohlfühlst, denn das ist die Frequenz, auf der du in das Universum sendest und auf der dir die entsprechenden Ereignisse geliefert werden.

Sei schön. Sei du selbst.

Ich persönlich finde eine Frau sehr attraktiv, wenn ich spüre, dass sie sich attraktiv findet. Das zählt mehr für mich als ein paar Kilo hin oder her. Ausstrahlung und Charisma sind sexy! Deswegen beziehe ich den Begriff der Schönheit auch auf Körper, Geist und Seele!

Finde heraus, was du als schön definierst und kreiere die dazugehörige Vision deiner Selbst. Ich habe das damals gemacht, als ich auf der Straße war, ich wollte einen trainieren Körper haben und richtig fit sein. Ich sah mich am Strand von Malibu mit Sixpack. Aber ich wollte auch eine schöne Seele haben und anderen Menschen helfen. Ich habe eine konkrete Version von einem schönen Selbst entwickelt. Ich habe mich gesehen. Ich habe mich gefühlt. Ich habe daran geglaubt. Ich bin es geworden.

Sich schön zu finden und sich zu lieben gehen Hand in Hand, daher ist der Punkt Schönheit nicht zu unterschätzen.

MACH DAS BESTE AUS DIR, JEDER VON UNS HAT DAS POTENZIAL, EIN SCHÖNER MENSCH ZU SEIN.

Reichtum, Glück, Gesundheit, Liebe, Schönheit.

Nun kennst du alle fünf Säulen des Yotta Life.

Das ist es, was ich als Yotta Life definiere und woran ich jeden Tag arbeite. Das ist die Arbeit, die wirklich wichtig ist, denn die Währung heißt »Leben«.

Das ist es, was wirklich zählt! Bringe die fünf Säulen in Balance und Harmonie zueinander.

Sei am Leben, fühle dich lebendig und glücklich.

Das ist die Arbeit, die wirklich wichtig ist.

Wir werden nie die Perfektion erreichen, aber wir können jeden Tag ein wenig besser werden.

Ist es nicht das, worum es geht?

Ist es nicht das, warum wir leben?

WENN DU
DAS LIEST,
BIST DU
AM LEBEN.
DIE FRAGE
IST NUR:

**WARUM ?**

KAPITEL 6

# DER SINN DES LEBENS ODER DIE FRAGE NACH DEM WARUM

Drei Jahre sind vergangen, seit ich meine Heimat nach Kalifornien verlagert habe, und noch immer fühle ich mich sauwohl hier. Ich bin ein Star geworden mit meiner eigenen TV-Show. Ich habe den Namen Yotta bekannt gemacht.

Ich habe viel bewegt, gebaut, umgebaut und wieder abgebaut. Ich habe unglaublich viel erreicht.

Eine verrückte Reise. Ich habe so viel gelernt und so viel erfahren, ich könnte noch fünf Bücher darüber schreiben. Immer präsent ist mir vor allem eine Erkenntnis: Ich bin immer noch auf der Reise und werde es immer sein. Viele meiner Fans schreiben mir: Yotta, du hast es geschafft.

Was habe ich geschafft?

Ich habe meinen Hollywood-Movie wahr werden lassen, das stimmt. Und ich habe all das aus der schlechtesten Startposition überhaupt erreicht. Der Weg war

der, den Bushido in einem seiner Lieder besingt: *Vom Bordstein zur Skyline*. Ich habe gezeigt, dass alles möglich ist. Aber weißt du, was? Ich habe bereits einen neuen Traum, einen neuen Movie. Und es wird nie aufhören. Nach dem Spiel ist vor dem Spiel, sagte Sepp Herberger. Nach dem Traum ist vor dem Traum, sagt Bastian Yotta. Bis zur letzten Sekunde meines Lebens werde ich immer zwei Eigenschaften in mir vereinen: Ich bin dankbar und hungrig!

Stell dir vor, du bist Fußballspieler, dein Traum ist es, in der Bundesliga zu spielen.

DU ERREICHST DAS ZIEL.

DANN IST ES DEIN TRAUM, IN DER NATIONALMANNSCHAFT ZU SPIELEN.

DU ERREICHST DEIN ZIEL.

DEIN NÄCHSTER TRAUM BESTEHT DARIN, EINEN INTERNATIONALEN TITEL ZU GEWINNEN.

DU ERREICHST DEIN ZIEL.

UND NACH DEINER KARRIERE WILLST DU TRAINER SEIN, UM DEIN WISSEN WEITERZUGEBEN.

DU ERREICHST DEIN ZIEL.

UND IMMER SO WEITER.

Wann immer auf dieser Reise jemand sagen würde, du hast es geschafft, würdest du antworten, ja, aber ich bin immer noch hungrig, wenn auch dankbar für alles, was ich schon erreicht habe.

Es macht so viel Spaß, seine Träume wahr werden zu lassen, dass ich mir immer, wenn ich ein Ziel erreicht habe, sofort ein neues setze. Denn es ist nicht nur das Ziel, welches mich motiviert, es ist, was das Ziel aus mir macht, wie es mich unterwegs wachsen lässt, damit ich es erreiche.

Shakespeare sagte: *Alles wird mit mehr Genuss erstrebt als genossen.*

Das klingt in meinen Ohren zwar sehr hart, zumindest genieße ich aber die Aussaat ebenso sehr wie die Ernte.

Ist es das, worum es im Leben geht? Gehen wir gemeinsam in die Vogelperspektive und stellen die Frage aller Fragen:

### WAS IST DER SINN DES LEBENS?

Ich habe mir diese Frage gestellt und habe eine Antwort, die ich mit dir teilen werde. Zuvor habe ich mir jedoch eine andere Frage gestellt, die ebenfalls eine unglaubliche Power in sich trägt:

### WAS WILL ICH IN DER SEKUNDE MEINES TODES DENKEN?

Ich werde denken: Es war nicht alles gut, und es war nicht alles schlecht. Aber es war verdammt noch einmal der Weg, den ich gegangen bin, ohne Wenn und Aber, und dieser Weg war einfach nur geil! Ich war ich selbst, und es war mein Weg, mein Leben!

Frank Sinatra hat es in seinem Lied perfekt auf den Punkt gebracht: *I did it my way.*

Das ist, was ich denken will und denken werde. Ich war ich. Ich habe mich nicht verstellt und war mir treu. Ich habe mich immer und immer wieder neu erfunden. Das ist es, worum es geht.

Ich höre immer wieder: Finde dich selbst! Das ist Unfug.

Wo soll ich denn suchen? Ich kann ja nur auf das zurückgreifen, was passiert ist, also ist die Basis meiner Suche begrenzt auf die Vergangenheit. Das wäre ein sehr limitierter Bereich. Nein danke, ich passe. Das Leben ist unlimited!

Da füge ich lieber zwei kleine Buchstaben hinzu, und schon bekommt der Satz »Finde dich selbst« eine ganz andere Bedeutung.

Ich sage: Er-finde dich selbst.

Ein Beispiel: Viele von euch kennen meinen Superman-Rolls-Royce und meine Verkleidung als Superhero. Wenn ich Superman sein will, dann bin ich das, und am nächsten Tag kann ich Batman sein oder Mickey Mouse. Ich erfinde mich einfach selbst.

Das ist das schönste Geschenk des Lebens: unser freier Wille. Wir können denken, was wir wollen. Und wie wir gelernt haben: Der Gedanke wird Realität. Also können wir auch werden, wer immer wir sein wollen.

Superhero zu sein ist ein Gefühl, und nichts anderes. Wer du bist, ist ein Gefühl. Es hat nichts mit äußeren Faktoren zu tun. Es hat nichts mit deiner Vergangenheit zu tun. Es liegt in deiner Macht, das zu erkennen und das neu gewonnene Wissen zu nutzen.

Ich war lange genug Verlierer, aber ein Verlierer kann die Welt nicht retten. Ein Verlierer beklagt sich und gibt allen anderen die Schuld, und in diesem Fall gerät das Leben zur Einbahnstraße.

Ein Superhero kann etwas verändern. Er übernimmt Verantwortung für sein Leben und entwickelt die Superkräfte, die er braucht, um etwas zu verändern. Wie wir gelernt haben, tragen wir alle diese Superkräfte in uns und müssen sie nur freilassen.

Sei ein Superhero! Du kannst sein, wer immer du willst.

Wir brauchen mehr Superheros und weniger Verlierer.

Du sollst das Leben leben. Du sollst glücklich sein und deine Träume wahr werden lassen.

Träume nicht dein Leben – lebe deine Träume!

In der Sekunde meines Todes werde ich Folgendes mit Sicherheit NICHT denken: »Ach, hätte ich nur …«

*No would, no could, no should!*

Stelle sicher, dass am Ende deines Lebens kein »hätte« mehr übrig ist.

Deswegen liebe ich es, eine sogenannte Bucket-List mit allen Dingen zu erstellen, die ich noch erleben möchte. Am Ende wird aus jedem »Ich hätte« ein »Ich habe« geworden sein.

Geld, Vermögen, Immobilien sind vergänglich, aber die Erinnerung kann dir keiner mehr nehmen.

*Collect memories!* Wir versuchen, dem Leben mehr Stunden hinzuzufügen. Ich versuche, den Stunden mehr Leben zu geben!

Es gibt nur einen Haken an der Sache. Niemand weiß, wann es soweit ist. Das Ende kann morgen kommen oder in dreißig Jahren. Wir wissen es nicht.

Also solltest du auf Nummer Sicher gehen und genau jetzt damit anfangen, dein »Ich würde« und »Ich hätte« in ganz viel »Ich habe« zu verwandeln.

Ist das der Sinn des Lebens?

Ja, das ungefähr ist es schon, aber wir müssen noch etwas hinzufügen.

Um den tiefen Sinn des Lebens zu verstehen, müssen wir einen Blick auf die Natur und das Universum werfen. Irgendwann vor langer Zeit gab es den berühmten Urknall, und seit dieser Zeit dehnt sich das Universum aus. Es wächst seit etwa dreißig Milliarden Jahren, jede einzelne Sekunde macht es Fortschritte.

Und mit der Natur ist es dasselbe. Sie wächst jeden einzelnen Moment.

Wachstum ist das Stichwort!

Wir als Teil des Ganzen, als Teil des Universums und der Natur, sind erschaffen, das gleiche zu tun.

Wir müssen wachsen! Fortschritte machen!

Als Kinder beherrschen wir das auf exzellente Art und Weise. Wir lernen und wachsen und machen jeden Tag mit Freude weitere Fortschritte in unendlich vielen Bereichen. Als Erwachsene hören wir damit auf und bewegen uns nur noch im Hamsterrad des Alltages. So ist der Begriff »erwachsen sein« schon ein Unwort an sich: Wir wären nie »erwachsen«, wenn wir im Einklang mit dem Universum leben würden!

Der Sinn des Lebens besteht darin, jeden Tag zu wachsen und Fortschritte zu machen. Und damit kommen wir an einen sehr wichtigen Punkt. Die Messlatte für dein Wachstum ist niemand anderes als du selbst!

Dein Ich von gestern ist die Messlatte für das Heute. Und deine Version von heute wird die Messlatte von morgen sein.

Vergleiche dich niemals mit anderen. Das macht keinen Sinn, es geht um dein Leben, und du bist einzigartig.

Leben ist Fortschritt. Leben bedeutet, in Bewegung zu sein, so wie das Universum.

Wenn du dich nicht mehr bewegst, bist du tot.

Leider sind viele Menschen am Leben, aber nicht lebendig.

Es ist an der Zeit, deinem Leben einen Sinn zu geben! Es ist an der Zeit, das Warum zu klären – zu wissen, warum du in der Früh aus dem Bett springen wirst. Viele denken, das Warum wäre allein schon, dass man arbeiten und seinen Verpflichtungen nachgehen muss.

Nein, das Warum ist ein anderes. Steh auf und gib alles, damit du besser bist als gestern, etwas lernst,

Fortschritte sammelst, Erfahrungen machst, anderen hilfst und dabei glücklich bist.

Es gibt keinen Weg zum Glücklichsein.

Das Glücklichsein ist der Weg!

Ob du ein Leben in Hollywood anstrebst oder auf einem Bauernhof in Bayern, das Leben eines Millionärs oder eines Mönches – es spielt dabei keine Rolle. So lange es sich um deinen innigsten Traum handelt, jage ihn und lass ihn wahr werden.

Finde dein Warum!

Du bist am Leben, um deine Träume zum Leben zu erwecken. Träume wieder. Träume laut und groß.

Ich habe es geschafft, und du kannst es auch.

Ich habe alle meine Erfahrungen mit dir geteilt und dir mein Werkzeug in die Hand gegeben. Geh nun deinen Weg. Jede Reise beginnt mit einem ersten Schritt.

Du hast dieses Buch gekauft und du hast es gelesen, damit hast du den ersten Schritt bereits gemacht. Gratulation!

Nun ist es Zeit für den nächsten Schritt.

Ich werde immer bei dir sein, denn wenn du nicht mehr weiterweißt, dann denke einfach: Was würde King Yotta jetzt machen?, und du wirst meine Stimme hören.

Denke immer daran: Du lebst jetzt. Das Leben findet genau jetzt statt. Geh hinaus und mach das Beste daraus. Wir wissen nicht, wie lange wir noch haben, es kann morgen bereits alles vorbei sein. Deswegen nutze die Zeit.

Dein Traum-Leben wartet auch dich. Hol es dir!

WENN DU
ANTWORTEN
VOM LEBEN
WILLST,
DANN STELLE
DIE RICHTIGEN
FRAGEN.

?

KAPITEL 7

# EINER GEHT NOCH … – DAS FRAGE-ANTWORT-SPIEL

Wer mich von Social Media kennt, weiß, dass ich das Frage-Antwort-Spiel liebe.

Dieses Kapitel beinhaltet viele hilfreiche Tipps und Weisheiten. Es eignet sich hervorragend, um es immer wieder aufzuschlagen und sich einen kurzen Input zu holen. So bleibt das Buch weiterhin ein Bestandteil deines täglichen Lebens.

Es war mein Ziel, dass du dieses Buch nie zu Ende liest, sondern immer wieder von Neuem aufschlägst.

Dazu wird dieses Kapitel beitragen. Lies es, und du bleibst im Flow des Yotta-Spirits und kommst schneller und sicherer an dein Ziel.

Ich werde gewissermaßen in deinem Namen einige Fragen stellen und diese dann beantworten. Jede Antwort soll dich dazu anregen, selbst aktiv zu werden. Die Antworten sind *Impacts*, die wie beim Motor zu einer Zündung führen sollen. Der Motor läuft,

SUCHE NICHT NACH DER RICHTIGEN ANTWORT
STELLE DIE RICHTIGEN FRAGEN!

aber fahren musst du selbst! Viel Erfolg mit meinem Zündstoff!

***Yotta, hast du auch heute noch Zweifel und böse Stimmen im Kopf?***

Ja, jeden Tag bekämpfe ich diese Stimmen aufs Neue. Jeder Mensch hat negative Stimmen im Kopf. Die Frage ist jedoch, ob du auf sie hören und den negativen Soldaten das Tor zu deinem Geist öffnen willst oder nicht. Nutze, was du gelernt hast!

***Yotta, was war dein größter Fehler?***

Ein Fehler ist etwas, das du immer und immer wieder machst – mit negativen Konsequenzen, ohne etwas daraus zu lernen. Ich bereue nichts in meinem Leben, da ich aus allem etwas gelernt habe. Ich habe zwar vieles falsch gemacht, aber durch das ständige Lernen habe ich meine Fehler in Nutzen verwandelt. Ich habe viele Wege gefunden, die nicht funktionieren und die ich in Zukunft nicht mehr beschreiten muss!

***Yotta, welche Frage soll ich stellen?***

Wie du anhand meiner Lebensgeschichte sehen kannst, habe ich mir immer wieder die richtigen Fragen gestellt. Du musst im Leben die richtigen Fragen stellen, um die richtigen Antworten zu bekommen. Höre auf dein Gefühl. Höre auf deine innere Stimme. Oft sind wir zu beschäftigt, um sie zu hören. Aber jeder von uns hat diese Stimme, oder besser: den Instinkt. Ich nenne es *living by instinct*. Unsere Augen, unsere Ohren und unsere Sinne können getäuscht werden, aber nicht unser Gefühl. Stelle dir die richtigen Fragen und mache dich auf die Suche nach den Antworten.

***Yotta, was ist deine größte Angst?***

Ich habe keine Angst, denn Angst ist eine Illusion. Die Vorstellung, dass sich etwas Schlechtes ereignen wird. Da ich mit meinen Gedanken die Zukunft erschaffe, widme ich der Angst keine Aufmerksamkeit. Ich kann über die schlechten Dinge nachdenken, wenn sie eingetreten sind, aber nicht vorher. Wenn die Ängste mein Schloss zu entern versuchen, sage ich Stopp und stelle mir die Zauberfrage: Was will ich stattdessen?

***Yotta, was ist dein größter Traum?***

Mein Traum ist ein weltweiter Superstar zu sein, der Millionen von Menschen positiv inspiriert und motiviert. Gleichzeitig will ich mit meiner Charity Millionen von Menschen das Leben retten und mit meiner letzten und perfekten Partnerin das Leben in vollen Zügen genießen, voller Glück, Gesundheit, Liebe und Leidenschaft.

***Yotta, ist alles in deinem Leben unbegrenzt?***

Sehr vieles, ja, aber die Zeit nun einmal nicht, deswegen ist sie mein höchstes Gut. Ich wertschätze jeden Tag, der mir geschenkt wird, und ich mache das Beste daraus. Verteidige dieses Gut vor Zeitfressern wie Social Media oder vor Dummschwätzern. Alles, was dir keinen Nutzen oder wahres Glück verschafft, ist ein Zeitfresser.

***Yotta, was denkst du über die Rückschläge der Vergangenheit?***

Das war alles ein Investment, um besser und stärker zu werden. Rückschläge und Herausforderungen sind das Gym für deinen Charakter und deine Seele. Nutze diese Momente für dein Wachstum!

***Yotta, was ist der Fehler, der die meisten Menschen am Erfolg hindert?***

Da gibt es im Großen und Ganzen zwei:

1. Sie kontrollieren ihre Gedanken und ihre Gefühle nicht und somit auch nicht die Ergebnisse. Achte auch auf deine Sprache, denn sie spiegelt deine Gedanken wider.
   Gedanken werden zu Worten.
   Worte werden zu Taten.
   Taten werden zu Gewohnheiten.
   Gewohnheiten werden zu deinem Charakter.
   Dein Charakter bestimmt dein Leben.
   Achte stets darauf, was du denkst.

2. Die Menschen bleiben inaktiv. Sie wissen viel, aber das ist nichts wert ohne Aktion!

***Yotta, wie werde ich reich?***

Schaffe einen Mehrwert. Löse ein Problem für Millionen oder im Wert von Millionen.

Es geht immer um deinen Wert. Der Wert deines Sportteams entscheidet, ob du spielst oder nicht, der Wert deiner Firma bestimmt dein Einkommen. Und noch viel wichtiger: Entwickle einen Wert für dich, den Selbstwert, denn die wichtigste Währung ist das

Leben! Wirklich reich bist du, wenn du reich an Leben bist.

***Yotta, wie gehst du mit Hatern um?***

Nun, die Frage ist eher, wie gehen die Hater mit sich selbst um? Ich persönlich kenne keinen Hass und versuche stets, Liebe zu empfinden. Hass ist eine absolut sinnlose Energie, die lediglich mehr Hass-Erlebnisse in dein Leben zieht. Aus diesem Grund schadet der Hater in erster Linie sich selbst. Wenn du glücklich bist, hast du einfach keinen Raum für Hass. Lass die Hater hassen und konzentriere dich darauf, glücklich zu sein.

Wenn es an der Türe klingelt und der Postbote das Paket des Hasses zustellen will, dann verweigere einfach die Annahme. Nein danke, und tschüss!

Viele nehmen den Hass an, nehmen ihn persönlich und verstehen nicht, warum er hat entstehen können. Für das Warum gibt es viele Gründe, und oft können die Hater es selbst nicht erklären. Ich mache jeden Tag die Affirmation: »Ich ziehe nur positive Menschen in mein Leben«, und es wirkt.

***Yotta, was soll ich generell mit Negativität machen?***

Ignoriere sie nicht, sondern versuch damit umzugehen. Die Negativität ist wie ein Ozean, auf dem dein Schiff schwimmt. Solange das Wasser nicht in das Schiff eindringt, wird es sicher über das Wasser gleiten und den Hafen erreichen. Lass die Negativität nicht in dich hinein, gleite darüber weg. Verweigere der Negativität jeden Platz in deinen Gedanken. Wenn sie auftaucht, frage dich sofort: Was willst du stattdessen?

***Yotta, wie wichtig sind Ziele im Leben?***

Ziele sind das Lebenselixier. Aber viel wichtiger als das Ziel ist, was das Ziel aus dir macht. Deswegen setze dir Ziele, an denen du wächst und dich weiterentwickelst, denn das ist der unglaubliche Zusatzbonus eines jeden Ziels, das du erreichst. Daher liebe ich auch den Spruch: »Der Weg ist das Ziel, und jeder Schritt macht dich stärker und besser!«

***Yotta, nach welchen Kriterien würdest du einen Arbeitgeber aussuchen?***

Grundsätzlich will ich nicht arbeiten, um andere reich zu machen, sondern um mich selbst voranzubringen. Deswegen ist nicht entscheidend, was der Job dir zahlen kann. Frage dich, was der Job aus dir machen kann. Es geht um die Weiterentwicklung. Jede Arbeitsleistung ist ein Investment in dich selbst.

***Yotta, wie gehst du mit deinem Vater um?***

Ich hatte nie einen Vater, wie ich ihn mir gewünscht hätte, aber ich hatte etwas Größeres als das. Ich hatte einen Groß-Vater. Dafür bin ich unendlich dankbar. Meinem Erzeuger habe ich verziehen, und bin dankbar für jede Lektion, die ich gelernt habe. Sollte er eines Tages diese Welt verlassen, so werde ich für meine Mutter da sein und mich um sie kümmern, sofern sie das wünscht. Jeder, der ein ähnliches Schicksal hat, dem rate ich: Verzeihe, lerne aus deinen Erfahrungen und schließe das Kapitel ab.

***Yotta, was sind die Feinde des Erfolges?***

Da gibt es unzählige, und ich könnte ein weiteres Buch damit füllen. Die schlimmsten Feinde sind jedoch die, die wir nicht als Feinde erkennen. Wie zum Beispiel der gute Freund, der uns rät, doch auf dem Boden zu bleiben, damit wir nicht enttäuscht werden, wenn es nicht klappt mit unserem Traum. Achtung vor deinen Freunden, sie können deine größten Feinde sein, ohne es zu wollen!

***Yotta, wann ist der beste Moment, um was zu ändern?***

Nicht eines Tages, sondern an Tag eins: heute!

Wenn du innerhalb von vierundzwanzig Stunden ein Vorhaben nicht auf den Weg bringst und den ersten Schritt gehst, dann wirst du es in 90 Prozent der Fälle nie tun. Also tick-tack, die Zeit läuft gegen dich, mein Freund!

***Yotta, was soll ich tun, wenn ich so viele Probleme habe?***

Sei größer als deine Probleme. Wenn du das Gleiche tust wie im vergangenen Jahr, wirst du in diesem Jahr zu den gleichen Ergebnissen kommen. Also analysiere deine Situation, dann ändere dich, und auch dein Leben wird sich verändern. Ich habe es getan, und du kannst es auch.

***Yotta, warum scheitern so viele Menschen, auch wenn sie eigentlich wissen, wie es geht?***

Gute Frage. Die Antwort hat mit der zeitlichen Verzögerung zu tun. Wir alle starten motiviert in ein

Projekt und machen vermeintlich alles richtig, aber es passiert nichts. Dann sind wir demotiviert und ungeduldig und machen schon etwas weniger, und am Ende hören wir ganz wieder auf.

Jeder kennt das vom Gym-Besuch am Jahresanfang. Das Gym ist voll, jeder hat gute Vorsätze. Aber nach einem Monat werden es weniger Besucher, und nach vier Monaten ist nur der harte Kern übrig geblieben. Daher mein Tipp: Mach weiter und immer weiter. Durchhaltevermögen und Disziplin sind gefragt, wenn du erfolgreich werden willst.

***Yotta, ich weiß nicht, was ich will!***

Das Leben ist ein Buffet, und manchmal sind wir überfordert und wissen nicht, wovon wir kosten sollen. Weißt du was? Probiere einfach vom Buffet des Lebens. Probiere verschiedene Richtungen aus, und wenn dir etwas nicht gefällt, dann änderst du es. Sei mutig, werde aktiv, finde deine eigenen Wünsche.

***Yotta, bei mir im Leben geht es auf und ab wie auf einer Achterbahn, was soll ich tun?***

Höre den Song von Frank Sinatra »*That´s life*« und *enjoy the ride.* Denke nicht mehr an die Achterbahn, dein Glaubenssatz soll von jetzt an lauten: »Mein Leben ist stabil und in Balance!« So einfach. Alles ist möglich. Du bist der Meister deines Lebens, nichts ist vergebens!

***Yotta, was ist dein Lieblingszitat?***

Denke, du schaffst es, oder denke, du schaffst es nicht, in beiden Fällen wirst du recht haben.

***Yotta, wer ist dein Vorbild?***

Arnold Schwarzenegger ist ein großes Vorbild, aber genauso war mein Opa eines. Jeder Mensch, dem du in deinem Leben begegnest, kann ein Vorbild sein. Wir können von vielen Menschen etwas lernen. Ein Vorbild muss nicht generell gültig sein, sondern kann für einen einzelnen Bereich funktionieren. Also Augen auf, das nächste Vorbild kann dir schon heute begegnen!

***Yotta, was soll ich machen, wenn ich mit dem Buch durch bin?***

Drei Sachen:

1. Lies es noch einmal.
2. Setze um, was du gelesen hast.
3. Empfehle das Buch jemandem, der es braucht.

Oft sehen wir auf den zweiten Blick mehr als auf den ersten. Stell sicher, dass du nicht etwas sehr Wichtiges überlesen hast.

Erfolg buchstabiert man TUN. Also setze das Wissen um!

Hilf anderen. Schenke ihnen dein Buch oder empfehle ihnen das Buch. Je mehr Menschen glücklich werden, desto besser wird die Welt, in der wir alle leben.

In diesem Sinne wünsche ich dir von ganzem Herzen, dass dein Leben das absolut Tollste ist, was dir passieren konnte, und dass du am Morgen mit einem Lächeln aufwachst und am Abend mit einem Lächeln einschläfst.

Das Leben ist ein Wunschkonzert, und nun weißt du, wie das Instrument zu spielen ist.

Fang an, los geht's ... Magische Momente und wahre Wunder warten auf dich.

In Liebe und Verbundenheit,
dein Bastian Yotta

***Folge mir auf Instragram @yotta_life und @yotta_coaching***

D

# ANKSAGUNG

# DANKSAGUNG

Meinem Opa und meiner Oma – ihr ward mein Fels in der Brandung, eure Liebe und Fürsorge war unendlich, und jede Erinnerung ist ein unglaublicher Schatz in meinem Leben. Ich vermisse euch, und das werde ich bis zu dem Tag, an dem wir uns wiedersehen. Ich liebe euch!

All meinen Fans und Followern, die mir jeden Tag unzählige liebe Nachrichten schreiben und mich motivieren, noch mehr zu geben und euch alle zu inspirieren.

Meinem Freund Wolfram, der immer für mich da ist und dem es stets gelingt, mir den Kopf zu waschen, ohne dass ich es ihm übel nehme. Ich bin sehr froh, dich zu haben, mein Freund!

Meinem Bro Jad, der die Initialzündung gegeben hat, dieses Buch zu schreiben. Jad, du bist mein Inner Circle, und wir werden noch viel rocken!

Meiner Freundin Natalia, die mich mit Lunch und Dinner versorgt hat, sonst hätte ich vor lauter Schreiben noch das Essen vergessen.

Meinem Buddy Mario, der mir stets mit viel Energie und Achtsamkeit seine Ratschläge mitteilt und somit auch dieses Buch mit Argusaugen gegengelesen hat.

Meiner besten Freundin Liz, auf die ich mich blind verlassen kann und die immer für mich da ist.

Meinem geliebten Hund Luna, die mich seit achtzehn Jahren begleitet hat und mir so viel Liebe gab. Leider ist Luna verstorben.

Mir selbst: Danke, Bastian, dass du dich damals nicht aufgegeben hast.

Ich danke allen Menschen, denen ich in meinem Leben begegnet bin. Von euch allen konnte ich etwas lernen, und ohne Menschen wäre es verdammt einsam auf diesem Planeten.

Also lasst uns gemeinsam miteinander leben, mit dem Ziel, unser Leben, das Leben anderer und unseren Planeten wertzuschätzen, besser zu machen und zu lieben!

MY LOVE -
LUNA.
THE ONE
WHO
LOVED ME
NO MATTER
WHAT.